HISTORIA INSTITUCIONAL DE MENDOZA TOMO II

Volúmen II

UNIVERSIDAD NACIONAL DE CUYO
Archivo Histórico de Mendoza
EDICIONES CULTURALES DE MENDOZA

MINISTERIO DE OBRAS Y SERVICIOS PÚBLICOS

Teresa Giamportone de Frau

EDICIONES CULTURALES DE MENDOZA

Printed in Argentina
Impreso en Argentina

ISBN N° 987-9075-50-1
Impreso en FUNDAR Editorial Gráfica
Ediciones Culturales de Mendoza
Segundo subsuelo Casa de Gobierno, (5500) Mendoza
Teléfono: (061) 492719

INTRODUCCIÓN

La provincia de Mendoza fue en un comienzo un desierto seco y agreste que gracias al trabajo incesante del hombre, se convirtió en un rico y próspero oasis, como lo es actualmente.

Pero este proceso de transformación de la naturaleza le llevó mucho tiempo, esfuerzos y sacrificios.

La vida ha sido posible sólo gracias al intenso aprovechamiento del agua para el riego.

El aprovechamiento prácticamente total del agua, con los antiguos sistemas de captación y distribución superficial, hizo indispensable la construcción de grandes obras hidráulicas, cuya justificación económica no está sólo en el riego, sino en su uso múltiple, entre los cuales ocupa el primer lugar el energético.

Esta energía constituye la reserva del porvenir, esencialmente como generación hidroeléctrica.

Simultáneamente con el desarrollo de esta infraestructura, deben construirse y mantenerse nuevos canales, caminos y redes de distribución, dentro de un desierto que exige constantes trabajos para la supervivencia.

Además deben tenerse en cuenta todas aquellas obras que fueron y son necesarias para la vida de los habitantes: obras de saneamiento, viviendas, educacionales, hospitalarias, culturales y de transporte.

Todos estos conceptos explican por qué la obra pública en la provincia de Mendoza, ocupó desde siempre un lugar prioritario en los distintos planes políticos de cada momento.

El presente trabajo, está basado casi en su totalidad en fuentes originales, encara la evolución histórico-cronológica de las obras y servicios públicos, ejecutados o en proyecto, a través de las distintas instituciones que se encargaron de ellas.

Consideramos un primer momento, antecesor del Ministerio de Industria y Obras Públicas, como fue el caso del Ministerio de Fomento, que prácticamente no tuvo existencia debido a la falta de consideración por parte de las autoridades, que antepusieron sus intereses políticos y económicos, relegando a un segundo lugar la creación de un nuevo ministerio que se encargara específicamente del fomento y construcción de obras públicas.

A partir del año 1910, comenzó a funcionar el Ministerio de Industria y Obras Públicas, que llevó a cabo la ejecución de importantes obras para el progreso provincial.

Este ministerio tuvo una existencia independiente hasta el año 1938, en que fue unido al Ministerio de Economía, formando entonces el Ministerio de Economía, Obras Públicas y Riego.

Desde noviembre de 1964, respondiendo a una necesidad urgente, como era la de dividir la cartera de Economía, Obras Públicas y Riego, debido a la gran diversidad de temas y materias que ésta abarcaba, unida al creciente progreso y desarrollo en la construcción de obras imprescindibles y a la complejidad que iba tomando cada vez más la economía, se creó el **Ministerio de Obras y Servicios Públicos.**

Se trató de lograr un positivo beneficio con la creación de un Ministerio específico encargado de la proyección y ejecución de obras, así como de la programación y control de los servicios públicos.

Presentamos de modo especial la evolución histórica del ministerio, a través de la confección de una serie de organigramas y cuadros, que contribuyen a esclarecer el panorama institucional, que a veces puede tornarse muy complejo y diversificado.

Finalmente, el capítulo referido a la Historia Institucional Analítica analiza de modo particular el desarrollo de cada una de las oficinas, reparticiones y dependencias del ministerio.

RESEÑA HISTÓRICA

ANTECEDENTES

Desde los primeros tiempos de vida institucional de la Provincia de Mendoza, en la época colonial, se organizaron los distintos poderes públicos que integran el Poder Ejecutivo, de acuerdo con el cumplimiento específico de sus funciones y competencias.

Con la sanción de la Constitución provincial en el año 1854, aparecen claramente mencionados y especificados cada uno de los órganos que componen los tres poderes: Ejecutivo, Legislativo y Judicial, deslindándose las funciones, atribuciones y deberes propios de cada uno.

De acuerdo con la Constitución, el Poder Ejecutivo estaba ejercido por un gobernador, un Consejo de Gobierno y por uno o más secretarios que el gobernador elegía según la ley.

Los secretarios de Estado debían cumplir con las siguientes obligaciones y deberes:

- Refrendar y autorizar los actos, órdenes y decretos del gobernador, sin cuyo requisito no tenían valor legal. Podían además, concurrir a las sesiones de la Cámara Legislativa y tomar parte en la discusión, pero no votar.

- Eran responsables solidariamente con el gobernador de los actos que éste autorizaba.

En un comienzo solamente existía el Ministerio General de Gobierno, que se encargaba del cumplimiento de todas las funciones ejecutivas y públicas, en forma conjunta con el gobernador. Con el tiempo estas funciones se fueron diversificando y requiriendo el auxilio de otros funcionarios, por lo cual en 1867 se dividió el Ministerio General de Gobierno en dos ramos: Gobierno y Hacienda (1).

Ambos ministerios se encargaban dentro del ámbito de su competencia, de la ejecución y realización de obras públicas y de irrigación, fundamentales para convertir el desierto mendocino en un oasis fértil y próspero.

El tema del agua ha sido desde épocas remotas vital para la provincia, pues es la fuente de vida que fertiliza la tierra y la convierte en apta para el cultivo y la crianza de animales.

Hasta la sanción de la Constitución provincial, el manejo de las aguas

---

(1) Cueto, A., Giamportone, T. y Micale, A.; Historia Institucional de Mendoza. 1ª parte, 1992, p. 32 en adelante.

era competencia del juez de Aguas; posteriormente se le atribuyeron tales funciones a las municipalidades.

Con la reforma de la Constitución del año 1895, se creó el DEPARTAMENTO GENERAL DE IRRIGACIÓN, que quedó a cargo de todos los asuntos relativos a irrigación en la provincia. Este nuevo organismo descentralizado gozó desde un comienzo de plena autarquía, pero sus relaciones con el Poder Ejecutivo las realizaba por intermedio del Ministerio de Gobierno.

Asimismo el Ministerio de Gobierno se encargaba del cumplimiento de las funciones de salubridad, higiene y sanidad, asistencia social y beneficencia, fomento de cultivos, agricultura, ganadería y protección de las incipientes industrias.

Si bien estas funciones no eran propias del Ministerio de Gobierno ni del de Hacienda, al no existir un organismo específico que se encargara del cumplimiento de las mismas, fueron muy bien desempeñadas por ambos ministerios.

El primer antecedente fue la creación del MINISTERIO DE FOMENTO, por la ley N° 71, del 3 de enero de 1897, sancionada por la Cámara Legislativa Provincial durante el gobierno del doctor Emilio Civit.

Esta ley fue ratificada al año siguiente por el mismo gobernador, mediante el decreto-acuerdo del 8 de marzo de 1898, donde se establecen las funciones que corresponden a los tres ministerios del Poder Ejecutivo: Gobierno, Hacienda y Fomento.

El Ministerio de Fomento se encargaba de:

- Lo relativo a transportes y caminos, ya fueran generales, municipales o vecinales; puentes o calzadas, y toda construcción de edificios u obra pública para el servicio del Estado.
- Los asuntos correspondientes a inmigración y colonización.
- Todo lo referente a industrias en general y especialmente a la minería.
- Todo lo referente a las oficinas o establecimientos científicos no pertenecientes a la enseñanza.
- Lo relativo a irrigación y obras hidráulicas.
- La salubridad, higiene y sanidad de la provincia y la Oficina Química provincial.
- Lo relativo a beneficencia pública.
- La Oficina de Obras Públicas y las operaciones topográficas.
- Lo relativo a la división territorial de nuevos departamentos, así como la rectificación de los límites de los ya existentes.
- El deslinde, amojonamiento y expropiación de terrenos para nuevos pueblos.
- El levantamiento y modificación del plano catastral de la provincia.

- Las obras y administración de aguas corrientes.
- Todo lo referente al fomento de la agricultura, enología, conservación y fomento de bosques, apicultura, sericultura y ganadería.
- La correspondencia con autoridades nacionales o de otras provincias relativas al ramo de fomento.
- Los reglamentos, decretos, proyectos de ley y mensajes del gobernador de la Provincia referidos al Ministerio de Fomento y la promulgación o devolución de las leyes a que éste se refirieran.
- El nombramiento y destitución de los empleados de este ramo y su jubilación.
- Decretar los gastos en lo correspondiente a su ramo.
- La formación del presupuesto de gastos del ministerio y su comunicación al Ministerio de Hacienda, para la formación del presupuesto general.

Fue designado ministro de Fomento el doctor Enrique Day, quien se debió encargar además de la organización y puesta en marcha del nuevo ministerio.

Tras la renuncia del gobernador Emilio Civit a su cargo, al ser designado por el presidente Julio Argentino Roca como ministro de Obras Públicas de la Nación, asumió el gobierno de la Provincia el vicegobernador Jacinto Álvarez, quien ordenó de inmediato el cese en las funciones del Ministerio de Fomento y de la Dirección de Salubridad, aduciendo razones de índole económica.

En adelante, las funciones, atribuciones y competencias de dicho ministerio fueron absorbidas por el de Gobierno y el de Hacienda (2).

---

(2) Decreto del 17 de octubre de 1898, mediante el cual se dispone el cese en sus funciones de los empleados del Min. de Fomento.

MINISTERIO DE INDUSTRIAS Y OBRAS PÚBLICAS

El gobierno de Emilio Civit (1907-1910) se caracterizó por su marcado carácter progresista y pleno de realizaciones productivas para la provincia, a pesar del clima de violencia y oposición política que se vivía en esos momentos, a causa de las disputas entre los distintos grupos oligárquicos por el poder político.

La provincia solamente contaba con los ministerios de Gobierno y Hacienda. Era necesario entonces, la existencia de un nuevo Ministerio que asumiera exclusivamente las funciones que correspondían a la ejecución de obras públicas, irrigación, vialidad, industria, ganadería, agricultura, salubridad e higiene, dado el carácter complejo que habían tomado tales obras.

Con la sanción de la ley de Presupuesto para el año 1907, se dispuso la creación del MINISTERIO DE INDUSTRIAS Y OBRAS PÚBLICAS, iniciativa largamente añorada por el gobernador Civit. Fue designado como primer Ministro el doctor Silvestre Peña y Lillo.

El 14 de marzo de 1907 se promulgó un decreto-acuerdo por el cual se establecían las funciones propias de cada ministerio y en especial del de Industrias y Obras Públicas:

- El despacho de todos los asuntos relativos al régimen y fomento de la propiedad agrícola, industrial y comercial.
- El estudio y realización de toda iniciativa sobre vías de comunicación, construcción de edificios y obras públicas para servicio del Estado, de utilidad general y de cualquier otra naturaleza que dispusieran las leyes.
- Administración, mensura y conservación de bienes provinciales; venta y locación de tierras públicas.
- Inmigración y colonización.
- Inspección agrícola, vitícola y enológica.
- Todo lo referente a irrigación, obras hidráulicas y sistemas de riego.
- Mejoramiento, desarrollo y protección de la ganadería y policía sanitaria animal.
- Proyectos, gestiones y estímulos sobre importaciones de nuevas industrias, capitales e inventos útiles.
- Censos e investigaciones agrícolas e industriales.
- Todo lo referente a minas, aguas termales y medicinales.
- Todo lo relativo a salubridad, higiene y sanidad de la Provincia y la Oficina Química Industrial.
- Lo relativo a beneficencia pública.

- La Oficina de Obras Públicas y Operaciones Topográficas.
- Lo referente a la división territorial de nuevos departamentos, así como la rectificación de límites ya existentes.
- El deslinde, amojonamiento y expropiación de terrenos.
- El levantamiento y modificaciones del Plano Catastral de la Provincia.
- Las obras y administración de aguas corrientes.

En adelante se canalizó el estudio, dirección y realización de importantes obras públicas y privadas por intermedio del nuevo ministerio, lo cual se tradujo en un marcado crecimiento productivo para la provincia en sus distintos aspectos.

Debido a que era competencia del Ministerio de Industrias y Obras Públicas dedicar especial atención, dentro del cumplimiento de sus funciones, al ramo industrial, el 25 de abril de 1907, el gobernador Emilio Civit, por un decreto-acuerdo, dispuso la creación de la DIRECCIÓN GENERAL DE INDUSTRIAS, bajo la dependencia de este ministerio. Fue designado para desempeñarse como director de la misma, el ingeniero Enrique Taulis.

El objetivo por el cual fue creada la Dirección General de Industrias era propender a la defensa y perfeccionamiento de las industrias existentes en la provincia y también para facilitar la creación y desarrollo de otras nuevas, con el fin de impulsar el movimiento industrial, comercial, agrícola y fomento de la riqueza pública.

Esta repartición dispuso para su cometido de laboratorios de investigación y cátedras ambulantes, realizó además publicaciones, formuló y dirigió proyectos.

A través de las distintas secciones en que quedó organizada, la dirección prestó una ayuda eficaz al Consejo de Higiene, verificando la inspección y control de los productos bromatológicos.

Controlaba además la elaboración de vinos desde el punto de vista de su genuinidad y condiciones higiénicas, constituyendo su etiqueta de control una garantía que elevó el precio del producto en el mercado de consumo (3).

Correspondían a la Dirección General de Industrias las materias comprendidas en las distintas secciones en que estaba dividida:

- Sección Agricultura.
- Sección Ganadería.
- Sección Inspección de Industrias.
- Sección Minería.
- Sección Química.

---

(3) Provincia de Mendoza; Album Argentino dedicado al Gobernador Emilio Civit. Mendoza 1910.

Durante el año 1914, el gobernador Francisco S. Álvarez reorganizó el personal que integraba el ministerio de Industrias y Obras Públicas y creó una nueva subsecretaría, existiendo en adelante dos dentro de la órbita del ministerio.

En el año 1914 se realizó la convocatoria a elecciones para la formación de una Convención Reformadora de la Constitución de la Provincia. Esta convención sancionó el 11 de febrero de 1916 una nueva Constitución, que es la actualmente en vigencia, aunque cuenta con algunas reformas y modificaciones en sus artículos.

Esta nueva Constitución precisa en forma marcada el carácter y las funciones de los ministerios, como parte integrante del Poder Ejecutivo, actuando en forma conjunta con el gobernador.

En la Sección IV, artículo N° 131, se establece la reglamentación de dichos ministerios, marcando sus atribuciones y materias administrativas de su conocimiento:

- Despachar de acuerdo con el gobernador y refrendar con sus propias firmas los actos gubernativos, sin cuyo requisito no tendrán efecto ni se les dará cumplimiento.
- Los ministro-secretarios pueden resolver por sí solos todo lo referente al régimen interno y disciplinario de sus respectivos departamentos y dictar providencias o resoluciones de trámite.
- Son responsables de todas la resoluciones y órdenes que autoricen, sin que puedan eximirse de responsabilidad.
- Pueden concurrir a todas la sesiones públicas o secretas de las cámaras y tomar parte de sus deliberaciones, pero no tienen voto.
- Están obligados a remitir a cualquiera de las cámaras los informes y memorias que éstas les soliciten, sobre todo lo relativo a los asuntos de sus respectivos departamentos.

El ministerio de Industrias y Obras Públicas se adaptó también a esta nueva reglamentación constitucional, reorganizándose internamente en su estructura y funcionamiento.

Este ministerio, desde su creación, se encargó del estudio, dirección y ejecución de importantes obras públicas y privadas que redundaron en progresos y beneficios para la provincia.

A continuación presentamos un **resumen del Plan de Obras Públicas** realizado en la provincia por el citado ministerio desde 1910, hasta 1936:

- Extensión de líneas férreas entre Mendoza y Buenos Aires e inauguración de un servicio rápido de trenes de 26 horas de viaje.
- Ejecución de obras en el parque del Oeste.

- Construcción del monumento al Ejército Libertador en el cerro de la Gloria.
- Constitución de la Empresa de Luz y Fuerza, encargada del servicio de alumbrado público y particular y del suministro de energía eléctrica.
- Ejecución de obras sanitarias, por un convenio entre el gobierno nacional y la provincia, y provisión de agua corriente.
- Adoquinado en las calles de la ciudad de Mendoza.
- Perforación de pozos de petróleo en Cacheuta.
- Fomento de la vitivinicultura y fruticultura.
- Intervención a la Compañía Vitivinícola para su normalización.
- Ley de higiene y seguridad del trabajo en los establecimientos industriales.
- Ley de construcción y explotación de un matadero y frigorífico regional.
- Instalación de red cloacal en los principales departamentos de la provincia, por medio de un convenio con Obras Sanitarias de la Nación.
- Construcción del Palacio de Gobierno.
- Construcción del dique Phillips y San Isidro.
- Exploración y explotación de petróleo, en diferentes puntos de la provincia.
- Instalación de fábricas de cemento, conserva de frutas, papel, fósforos, etcétera.
- Construcción del hospital Emilio Civit, salas de Maternidad y de Primeros Auxilios.
- Construcción de caminos, puentes y rutas provinciales e interprovinciales.
- Construcción de canales, diques, cunetas y contenedores para los distintos ríos de la provincia.
- Extensión y explotación de líneas tranviarias en los departamentos del Gran Mendoza.

Durante el gobierno de Rodolfo Corominas Segura, la Legislatura provincial sancionó la primera **ley Orgánica de Ministerios N° 1.294**, en el año 1938.

Para la elaboración del proyecto de dicha ley que organizó la estructura y funcionamiento, se tuvieron en cuenta muchas de las disposiciones contenidas en la ley de Organización de los Ministerios de la Nación y de la Provincia de Córdoba; como también a nivel provincial, el decreto del Poder Ejecu-

---

(4) Mensaje del Gdor. R. Corominas Seguram al proyecto de ley Orgánica de Ministerios N° 1.294, año 1938.

tivo del 14 de marzo de 1907, que establece las funciones propias de cada ministerio, y los proyectos presentados a la Honorable Legislatura por los diputados Edmundo Correas en setiembre de 1935 y F. Contursi en junio de 1937 (4).

Según la ley N° 1.294, los ministerios del Poder Ejecutivo eran los siguientes:
- Gobierno y Asistencia Social.
- Finanzas.
- Economía, Obras Públicas y Riego.

Según se expresa en el mensaje enviado por el Gobernador a la Honorable Legislatura:

«*...que hubiera considerado necesario, para evitar la acumulación de funciones heterogéneas y lograr una mayor descentralización, crear un nuevo ministerio, además de los ya existentes el de Obras Públicas y Riego. Pero este propósito muy ventajoso no se puede realizar hasta la reforma de la Constitución provincial, pues la misma establece en todo lo concerniente a riego un régimen perfectamente determinado y excluye la posibilidad de darle una organización distinta de la prevista en su sección sexta"* (5).

En adelante se integró el Ministerio de Industrias y Obras Públicas al Ministerio de Economía, naciendo entonces uno nuevo denominado **MINISTERIO DE ECONOMÍA, OBRAS PÚBLICAS Y RIEGO**.

Las funciones que correspondían al citado ministerio, en el rubro de Obras Públicas y Riego, fueron:

- Construcción, dirección y conservación de edificios públicos, monumentos y estatuas.
- Arquitectura.
- Caminos y vías de comunicación en general.
- Registro, régimen y estímulo y contralor de la navegación aérea civil y comercial.
- Parques, calles y paseos públicos.
- Meteorología, geofísica e hidrología.
- Expropiación por causa de utilidad pública.
- Minas, yacimientos de hidrocarburos, fluidos, aguas termales y medicinales.

---

(5) Íbidem.

- Topografía.
- Exploraciones geológicas.
- Riego y desagües.
- Legislación de aguas.

La nueva legislación estableció el traspaso de algunos asuntos y materias que antes correspondían al Ministerio de Industrias y Obras Públicas, al reestructurado Ministerio de Gobierno y Asistencia Social (6):
- Límites interprovinciales.
- Censo de la Provincia.
- Concesiones de servicios públicos.
- Telégrafos, teléfonos y radiocomunicaciones.
- Dirección General de Salubridad.
- Policía Sanitaria.
- Hospitales, salas de Primeros Auxilios, Consultorios y servicios sanitarios en general.

El Ministerio de Economía, Obras Públicas y Riego funcionó de manera ininterrumpida durante 26 años, desde 1938 hasta 1964, durante los cuales sufrió varias reestructuraciones internas, realizadas principalmente a través de la Ley N° 1.850, del 13 de enero de 1950 y la Ley N° 2.115, del 10 de noviembre de 1952.

Además de estas leyes, se deben sumar también las disposiciones reglamentarias de carácter interno, que fueron dotando al Ministerio de Economía, Obras Públicas y Riego de la estructura funcional apropiada para desempeñar sus funciones y cumplir con sus obligaciones legales.

---

(6) Cueto, A., Giamportone, T. y Micale A.; op. cit., p. 59.

ORGANIZACIÓN DEL MINISTERIO DE INDUSTRIAS Y OBRAS PÚBLICAS
AÑO 1908

MINISTERIO ⇔
- MINISTRO
- SUBSECRETARIO
- OFICIAL 1°
- OFICIAL 2°
- OFICIAL DE MESA
- AUXILIAR

DIRECCIÓN GENERAL DE OBRAS PÚBLICAS ⇔
- SECCIÓN GEODESIA Y TOPOGRAFÍA
- SECCIÓN ARQUITECTURA
- SECCIÓN PUENTES, CAMINOS E HIDRÁULICA

DIRECCIÓN GENERAL DE INDUSTRIAS ⇔
- DIRECCIÓN
- PARQUE DEL OESTE
- SECCIÓN AGRICULTURA
- SECCIÓN GANADERÍA
- SECCIÓN INSPECCIÓN DE INDUSTRIAS
- SECCIÓN MINERÍA
- SECCIÓN QUÏMICA

DIRECCIÓN GENERAL DE ASISTENCIA PÚBLICA ⇔
- DIRECCIÓN
- ASISTENCIA PÚBLICA
- HOSPITAL PROVINCIAL
- HOSPITAL SAN ANTONIO
- CASA DE AISLAMIENTO
- VACUNA Y DESINFECCIÓN

OBRAS PÚBLICAS

SUBVENCIONES

ORGANIZACIÓN DEL MINISTERIO DE INDUSTRIAS Y OBRAS PÚBLICAS.
AÑO 1913

MINISTERIO ⇔
- SUBSECRETARÍA DE INDUSTRIAS, OBRAS PÚBLICAS, SALUBRIDAD Y MINAS
- INSPECCIÓN GENERAL DE PUENTES Y CAMINOS
- CONSEJO DE APELACIONES DE LA DIRECCIÓN GENERAL DE INDUSTRIAS

DIRECCIÓN GENERAL DE INDUSTRIAS ⇔
- DIRECCIÓN
- SECCION INSPECCIÓN Y CONTROL
- SECCIÓN QUÍMICA
- SECCIÓN ENOLOGÍA INDUSTRIAL
- SECCIÓN AGRICULTURA
- INSPECCIÓN DE VINOS FUERA DE LA PROVINCIA
- GRANJA ESCUELA DE SAN RAFAEL
- CERRO DE LA GLORIA
- USINA DE LUZ Y FUERZA DEL PARQUE

PARQUE GENERAL SAN MARTÍN

DIRECCIÓN GENERAL DE OBRAS PÚBLICAS ⇔
- SECCIÓN GEODESIA Y TOPOGRAFÍA
- SECCIÓN ARQUITECTURA
- SECCIÓN PUENTES Y CAMINOS
- SECCIÓN HIDRÁULICA
- DIVISIÓN CAUCES Y REGADÍOS
- DIVISIÓN DESAGÜES
- ALMACENES Y TALLERES

DIRECCIÓN GENERAL DE SALUBRIDAD ⇔
- DIRECCIÓN
- ASISTENCIA PÚBLICA
- SERVICIO DE FARMACIA
- ADMINISTRACIÓN, VACUNA Y DESINFECCIÓN
- HOSPITAL PROVINCIAL
- HOSPITAL SAN ANTONIO
- MATERNIDAD JOSE F. MORENO
- CASA DE AISLAMIENTO
- DISPENSARIO DE SALUBRIDAD
- SUBVENCIONES

NÓMINA DE GOBERNADORES Y MINISTROS
DE INDUSTRIAS Y OBRAS PÚBLICAS
1910 - 1938

FECHA	GOBERNADORES	FECHA	MINIST. DE INDUST. Y OBRAS PÚBLICAS
06/03/1910	Rufino Ortega (h)	06/03/1910 20/03/1911 25/09/1912	Manuel Lemos Amadeo Sorreguieta Estanislao Gaviola
06/03/1914	Francisco S. Álvarez	06/03/1914 28/12/1914 03/04/1915	Noé Biritos Enrique Varela Blanco (interino) José A. Salas
28/11/1917	Interventor nacional Eufrasio Loza	28/11/1917	Ramón A. Leguizamón
06/03/1918	José Néstor Lencinas	06/04/1918	Eduardo Teisaire
17/02/1919	Interventor federal Tomás de Veyga	17/01/1919 23/04/1919	Vicente Segovia Severo Soria
29/07/1919	José Nestor Lencinas	29/07/1919	Leopoldo Suárez
20/01/1920 06/09/1920	Ricardo Báez Int. Fed. Eudoro Vargas Gómez	18/05/1920 12/08/1920 25/08/1920 06/09/1920 18/05/1920	Rufino Ortega Nicolás Colomer Carlos Lemos N. A. Tobal Eufrazio Covarrubias
04/02/1922	Carlos W. Lencinas	04/02/1922	Leopoldo Suárez
12/10/1924 23/02/1925 31/07/1925 30/09/1925 16/10/1925	Interv. Fed. Enrique Mosca Gob. Inter. Elias Guastavino Int. Fed. Enrique Mosca Gob. Inter. Elias Guastavino Int. Fed. Enrique Mosca	12/10/1924	Alfredo F. Lasso Alfredo F. Lasso Alfredo F. Lasso Alfredo F. Lasso Alfredo F. Lasso
06/02/1926 09/08/1926 08/10/1926	Alejandro Orfila Gob. Int. Carlos Saá Zarandón Alejandro Orfila	06/02/1926	José E. Aguilar José E. Aguilar José E. Aguilar

NÓMINA DE GOBERNADORES Y MINISTROS
DE INDUSTRIAS Y OBRAS PÚBLICAS
1910 - 1938

06/08/1927	Gob. Int. Carlos Saá Zarandón	26/09/1927	José E. Aguilar
23/09/1927	Alejandro Orfila		José E. Aguilar
10/12/1927	Gob. Int. Carlos Saá Zarandón		José E. Aguilar
11/01/1928	Alejandro Orfila		José E. Aguilar
11/12/1928	Interventor federal Carlos Borzani	12/12/1928	Mario Jurado
07/09/1930	Interventor federal Coronel Ernesto Saforcada	07/09/1930	Tte. Cnel. Arturo Malmierca
25/09/1930	Interventor federal José María Rosa	25/09/1930	Ricardo Videla
22/12/1931	Gob. interino Benjamín Civit	22/12/1931	Ricardo Videla
18/01/1932	Ricardo Videla	25/09/1932	Emilio López Frugoni
30/01/1935	Guillermo Cano	28/09/1935	Frank Romero Day
23/01/1938	Rodolfo Coromina Segura	23/01/1938	José María Alurralde

CREACIÓN DEL MINISTERIO DE OBRAS Y SERVICIOS PÚBLICOS

El 15 de julio de 1964, por nota N° 706, el gobernador de la Provincia Francisco Gabrielli envió un proyecto a la Honorable Legislatura, modificatorio de la ley Orgánica de Ministerios en vigencia en ese momento, N° 2.115, sancionada en 1952.

El mensaje expresa textualmente:

«...El nuevo ordenamiento ministerial se impone para adecuar la acción de gobierno, con posibilidades de mayor eficiencia a un sistema de distribución de materias clasificadas para cada uno de los ministerios con sentido de especialización, que permita resolver con mayor acierto y agilidad los cada vez más complejos y numerosos problemas que resultan del creciente progreso y de las múltiples manifestaciones de actividades y necesidades de la población de Mendoza.

Dentro del criterio de ordenamiento específico señalado, habrá de lograrse un positivo beneficio con la creación de un ministerio más, con competencia específica en la proyección y ejecución de obras, así como en la programación y control de algunos de los servicios públicos...» (7).

Sustancialmente la reforma a la ley N° 2.115 realizó un desdoblamiento de las funciones y competencias del Ministerio de Economía, Obras Públicas y Riego, ya que temas vinculados entre sí, pero disímiles en su ejecución, convertían a este ministerio en un organismo de compleja estructura.

El citado ministerio reunía bajo su dependencia y a través de dos subsecretarías: ocho reparticiones centralizadas, nueve organismos descentralizados, siete departamentos y una cantidad variable de comisiones organizadas especialmente para la realización de tareas transitorias o permanentes (8).

A su vez, cada uno de estos organismos tenía perfectamente definido el cumplimiento de una o varias funciones, ya sea en las materias económicas o en la proyección y ejecución de obras públicas.

Pero en general, todos los problemas en conjunto debían ser resueltos indefectiblemente por el titular de la cartera ministerial, sobre quien recaía además de los trámites administrativos de rutina, el cumplimiento de la representatividad del Poder Ejecutivo en su ramo, más la interiorización de todos los problemas que, de distinta índole, pudieran afectar las múltiples facetas de las actividades a su cargo.

---

(7) Mensaje del gobernador Francisco Gabrielli a la H. Legislatura, año 1964.
(8) Ibídem, año 1964.

La separación del Ministerio de Economía, Obras Públicas y Riego, en función de sus dos materias específicas: Economía por un lado y Obras Públicas y Riego por otro, hizo mas ágil y factible la atención de los complejos problemas, antes sometidos a la jurisdicción y competencia de uno solo, a la vez que contribuyó a la progresiva racionalización de la administración pública.

Esta reestructuración no implicó en modo alguno un aumento del personal público, ya que se resolvió con el mismo personal disponible en el ministerio, hasta ese momento.

La Honorable Legislatura llevó a cabo el estudio de la nueva organización ministerial presentada por el gobernador Gabrielli y sancionó el 16 de noviembre de 1964, **la nueva ley Orgánica de Ministerios N° 3.093**, que quedó materializada a partir del 1 de enero de 1965.

Según la nueva legislación los ministerios del Poder Ejecutivo eran los siguientes:

- Gobierno.
- Hacienda.
- Economía.
- Obras y Servicios Públicos.
- Salud Pública.

Además de las atribuciones de orden común que competían a todos los ministerios en general, le correspondía al **MINISTERIO DE OBRAS Y SERVICIOS PÚBLICOS:**

«Todo lo concerniente al desarrollo, orientación y promoción de las obras y servicios públicos en el territorio de la Provincia, y en particular:

a) OBRAS PÚBLICAS
- Planeamiento y urbanismo.
- Coordinación y ejecución de las obras públicas.
- Construcción y conservación de edificios públicos y monumentos.
- Arquitectura y vivienda.
- Vialidad, vías de comunicación en general.
- Pavimentación urbana.
- Meteorología, geofísica, hidrología, hidrogeología, irrigación, construcciones hidráulicas, desagües y saneamiento de tierras.
- Régimen de aguas subterráneas y superficiales.
- Energía eléctrica, generación, distribución y comercialización.
- Electrificación urbana y rural.
- Obras sanitarias y suministro de agua potable a las poblaciones.

b) SERVICIOS PÚBLICOS:
- *Planeamiento de los servicios públicos de comunicación, transporte, energía y saneamiento.*
- *Policía y contralor de los permisos y concesiones de servicios públicos otorgados por la Provincia"* (9).

Se estableció también la creación en el presupuesto vigente para la Provincia durante ese año, de un cargo de ministro y otro de subsecretario, con las asignaciones mensuales de $ 40.000 m/n y $ 44.000 m/n, respectivamente.

El Ministerio de Obras y Servicios Públicos inició su actividad en el año 1965 y a través de su actuación quedó demostrada la necesidad de su creación y la oportuna independencia respecto a la cartera de Economía, con la cual constituía anteriormente un solo ministerio.

El segundo gobierno del ingeniero Francisco Gabrielli fue pleno en realizaciones de obras públicas y se materializaron algunas que durante muchos años estuvieron postergadas, con perjuicios para el desarrollo regional.

Los dos principales aspectos que se consideraron fundamentales en la realización y ejecución de las obras públicas fueron:

a) Los que hacían a las necesidades propias de la población.
b) Aquellos que conducían a su mejor bienestar, promoviendo el desarrollo económico de la provincia.

Entre las obras que merecen destacarse principalmente son las siguientes:

- Construcción de la presa de embalse El Carrizal.
- Extensión de la red de electrificación rural.
- Construcción de usinas eléctricas de El Nihuil, Agua del Toro y sistema hidroeléctrico del río Mendoza.
- Provisión de agua potable a distintos puntos de la provincia.
- Ejecución de obras edilicias como edificio de la Honorable Legislatura, hospital Schetakow y terminación de las obras iniciadas en el Centro Cívico.
- Estudios de racionalización del transporte público de pasajeros urbano, que culminaron en 1964 y posibilitaron la reestructuración total de los recorridos.

El 3 de noviembre de 1965, el Poder Ejecutivo de la Provincia aprobó por medio del decreto N° 4.398 el convenio celebrado con fecha 31 de agosto

---

(9) Ley Orgánica de Ministerios N° 3.093, artículo 15°. B.O. Mendoza, 20 de noviembre de 1964.

de 1965, entre el Ministerio de Asistencia Social y Salud Pública de la Nación y el gobierno de la Provincia, relacionado con la provisión de agua potable para núcleos de poblaciones rurales de 100 a 3.000 habitantes ubicados en el territorio de la provincia.

Los fondos para la realización de estas obras se obtuvieron por medio de un sistema de préstamos del Banco Interamericano de Desarrollo, que financió el 50 % de los proyectos, lo que trajo aparejada una enorme ventaja en la concreción de innumerables obras que la provincia por sí misma no hubiese podido llevar a cabo (10).

A partir del 1 de enero de 1966, comenzó a funcionar la COMISIÓN DE ESTUDIOS HIDROELÉCTRICOS, bajo la dependencia del Ministerio de Obras y Servicios Públicos. Esta iniciativa respondió a la necesidad de contar con un ente específico, a quien se le encomendó la función de dar término y/o actualizar los estudios existentes sobre aprovechamiento hidroeléctrico en la provincia, así como la preparación de proyectos de obras similares que permitieran la disminución paulatina del déficit energético, que incidía directamente sobre el desarrollo de las industrias básicas en la provincia.

El ministro de Obras y Servicios Públicos ingeniero Luis María Magistocchi, emitió la resolución N° 267, el 24 de octubre de 1966, de creación de una COMISIÓN ENCARGADA DE LOS ESTUDIOS Y PLANIFICACIÓN DE LAS MODIFICACIONES ESTRUCTURALES proyectadas en las distintas dependencias del ministerio que debía expedir su informe dentro de un plazo de veinte días.

A raíz del programa de ordenamiento y transformación presentado por el gobierno de la Revolución Argentina, el Poder Ejecutivo provincial estimó conveniente, como punto de partida, realizar un completo estudio sobre la nueva estructuración para el aparato administrativo provincial, propiciándose a través del Ministerio de Obras y Servicios Públicos el análisis pertinente.

El esquema básico de la reestructuración lo constituye el agrupamiento de todos los recursos técnicos de los sectores de ingeniería, arquitectura y agrimensura y ramas colaterales en el Ministerio de Obras y Servicios Públicos.

Consecuentemente con esa idea se agruparon, por un lado, las reparticiones públicas que primordialmente ejecutan obras y, por otro, aquellas cuyas funciones son predominantemente de servicio público, aún cuando también realicen obras.

Cada repartición se estructuró o reestructuró para adecuarla al mejor cumplimiento de su finalidad específica, demarcando el campo técnico de su competencia y dando dentro del mismo las mejores posibilidades en personal y equipamiento.

---

(10) Gobierno de Mendoza. Informe de la Dirección de Obras y Servicios Sanitarios.

Como consecuencia de ello, fueron transferidas funciones parciales de un ente a otro, cambiando o ampliando el campo de acción de las reparticiones y adecuando este cambio a su tarea real.

Surgieron a raíz de ello cuatro reparticiones con funciones específicas a cumplir:

- DIRECCIÓN DE OBRAS HIDRÁULICAS.
- DIRECCIÓN DE TRÁNSITO y TRANSPORTE.
- INSTITUTO TÉCNICO DE INVESTIGACIÓN Y ENSAYO DE MATERIALES.
- DIRECCIÓN DE OBRAS Y SERVICIOS SANITARIOS.

Estos cambios no significaron en manera alguna una mayor erogación presupuestaria, por cuanto dicho reordenamiento se realizó con el personal y elementos existentes, adecuando comisiones de estudio y trabajo que, con diferentes fines específicos, se habían creado con anterioridad.

El 25 de febrero de 1967, el gobernador José E. Blanco sancionó la **Ley N° 3.489, Orgánica de Ministerios**, que derogó a la anterior ley N° 3.093/1964.

En la misma se atribuye al Ministerio de Obras y Servicios Públicos todo lo concerniente a la promoción, orientación, coordinación, fomento y desarrollo de las obras y servicios públicos en el territorio de la Provincia.

Internamente el ministerio quedó organizado con dos subsecretarías:

- **Subsecretaría de Obras Públicas**
- **Subsecretaría de Servicios Públicos**

Las funciones específicas a cargo del ministerio eran las siguientes:

a) Estudio, proyecto, coordinación, ejecución, conservación y mejoramiento de las obras de:

- Hidráulica.
- Irrigación.
- Vialidad.
- Arquitectura: viviendas, edificios públicos y monumentos.
- Vías de comunicación.
- Pavimentación urbana y rural.
- Obras sanitarias.
- Defensas aluvionales.
- Infraestructura: urbana y rural.
- Generación eléctrica.

b) Servicios Públicos: planeamiento, coordinación, fiscalización, contralor y prestación de los servicios de:

- Comunicación.
- Transporte.
- Energía: generación y distribución.
- Saneamiento urbano y rural.
- Sanitarios.
- Concesiones técnicas.
- Prestación de servicios técnicos.

c) Estudios y trabajos de:

- Geodesia, topografía y catastro.
- Planeamiento y urbanismo.
- Hidrología e hidrogeología.
- Geofísica y sismología.
- Meteorología.
- Ensayo de materiales e hidráulica.
- Investigación y difusión técnica.

d) Promoción, adaptación y perfeccionamiento de legislación sobre:

- Agua superficial.
- Agua subterránea.
- Obras públicas.
- Concesiones técnicas.
- Códigos técnicos.
- Normalización técnica.

De acuerdo con la nueva legislación vigente, varió considerablemente la estructura interna del ministerio, su integración y jerarquía dentro de las ramas que lo componían, por lo que fue necesario reglamentar su funcionamiento, de acuerdo con el decreto N° 3862, del 18 de julio de 1967.

Según el citado decreto, la actividad del Ministerio de Obras y Servicios Públicos se desarrolló por intermedio de dos subsecretarías, la de Obras Públicas y la de Servicios Públicos.

Las reparticiones y organismos que dependían directamente de la Subsecretaría de Obras Públicas eran:

- Dirección de Obras Hidráulicas.
- Dirección de Arquitectura y Planeamiento.
- Dirección Provincial de Vialidad.
- Dirección Provincial de Construcciones.
- Dirección de Geodesia y Catastro.

Dependían directamente de la Subsecretaría de Servicios Públicos:

- Dirección de Obras y Servicios Sanitarios.
- Dirección de Tránsito y Transpórte.
- I.T.I.E.M.
- Departamento General de Irrigación.
- Dirección Provincial de Energía.
- Empresa Provincial de Transporte.

Las reparticiones centralizadas quedaron organizadas de la siguiente manera:

- Dirección de Obras Hidráulicas.
- Dirección de Tránsito y Transporte.
- Dirección de Geodesia y Catastro.
- Dirección de Obras y Servicios Sanitarios.
- Dirección de Construcciones.
- I.T.I.E.M.

Existieron además organismos que funcionaron con dependencia directa del ministerio, pero sin constituir específicamente direcciones, sino departamentos con objetivos especializados, tales como los entes que dependían orgánicamente de la Subsecretaría de Obras Públicas:

- Centro de Coordinación y Estadística.
- Secretaría General.
- Consejo de Obras Públicas.

Y de la Subsecretaría de Servicios Públicos dependían:
- Departamento Técnico-Jurídico.
- Registro Permanente de Licitadores.
- Sección Costos.
- Departamento Contable.

Además, quedó establecido en el artículo N° 16 del mismo decreto que las siguientes reparticiones descentralizadas tendrían las atribuciones y competencias que les asignaba la Constitución provincial y leyes que regían su materia:

- Dirección Provincial de Vialidad.
- Dirección Provincial de Energía.
- Empresa Provincial de Transporte.
- Departamento General de Irrigación.

De acuerdo con la ley Orgánica de Ministerios N° 3489, es competencia del Ministerio de Obras y Servicios Públicos todo lo concerniente a la promoción, orientación, coordinación, fomento y desarrollo de las obras y servicios públicos en todo el territorio de la provincia.

Todo esto se realizó en una tarea coordinada con los lineamientos de la política del gobierno, que elaboró la Comisión Interministerial de Planeamiento.

Con el propósito de realizar el estudio del Planeamiento Físico de la Provincia, se crearon por el decreto N° 3.024, del 7 de junio de 1967, cuatro COMISIONES ASESORAS, integradas por los intendentes municipales y representantes de las instituciones o entidades públicas o privadas que tenían vinculación con los temas de planeamiento.

Cada una de las comisiones funcionó en los distintos sectores en que quedaron divididos los departamentos de la provincia.

De acuerdo con la ley N° 3.489, se creó en el ámbito del ministerio el I.T.I.E.M. Este organismo cumplió funciones de importante gravitación, tanto para la actividad privada como estatal.

El gobernador de la Provincia, José E. Blanco, en forma conjunta con el ministro de Obras y Servicios Públicos, Luis M. Magistocchi, elaboraron el secreto N° 5.218, por el cual se establecieron en detalle las funciones que le competían al citado organismo, así como su estructura orgánica, para el eficaz logro de los fines propuestos.

Correspondía, según el mismo, al I.T.I.E.M.:

- Prestación de servicios técnicos a las reparticiones públicas y a la actividad privada.
- Responder al requerimiento de las entidades provinciales y municipales, efectuando el control de la calidad de los materiales que éstas adquirieran.
- Asesorar al gobierno en el ámbito de su esfera de competencia.
- Realizar investigaciones sobre operaciones y procesos tecnológicos, tendientes al mejoramiento y racionalización de los procesos constructivos y utilización de materiales y máquinas de producción nacional.

Sobre la base del anterior Laboratorio del Ministerio de Obras y Servicios Públicos, el I.T.I.E.M. organizó el LABORATORIO DE ENSAYO DE MATERIALES, pero debió organizar también, como parte del cumplimiento de sus funciones, la instalación de otros laboratorios de hidráulica, estructura y meteorología y demás que en el futuro se crearan.

Teniendo en cuenta el objetivo del gobierno provincial de racionalizar el aparato administrativo y considerándose que dependientes de este ministerio funcionaban siete reparticiones centralizadas, cada una de las cuales tenía Habilitación propia, las que podían eliminarse con las consiguientes ventajas de división de trabajo y ahorro de personal, se creó el DEPARTAMENTO CONTABLE, como una repartición que logró unificar las tareas de contabilidad, análisis e información del presupuesto ordinario y del presupuesto del Plan de Obras Públicas, correspondientes a la administración central y reparticiones centralizadas del ministerio.

El Departamento Contable se organizó con tres divisiones, a cargo de un contador, un tesorero y un jefe de Compras y Personal, respectivamente.

Hasta el momento, la determinación del débito tributario por la repartición que se encargaba de la ejecución de una obra pública y la cobranza, por medio de la Dirección de Rentas, presentaba muchas dificultades prácticas en la percepción de los ingresos. Por lo tanto se adoptó un nuevo procedimiento para la percepción de los reembolsos de las obras públicas, comprendidas en el régimen del Plan de Obras Públicas, elaborado por la ley N° 2.541.

A partir de la publicación en el Boletín Oficial del decreto N°3.144, de fecha 12 de julio de 1968 por el gobernador José E. Blanco, los rubros que se indican serán percibidos directamente por las reparticiones que a continuación se consignan:

a) Irrigación-hidráulica: Departamento General de Irrigación.
b) Energía eléctrica: Dirección Provincial de Energía.
c) Vialidad: Dirección Provincial de Vialidad.
d) Pavimentación de calles: Departamento Contable del ministerio.
e) Obras y servicios sanitarios: Dirección Provincial de Energía (11).

El 21 de agosto de 1968, el gobernador de la Provincia, con la autorización concedida por el gobierno nacional y en ejercicio de las facultades legislativas que le confería el artículo N° 9 del Estatuto de la Revolución Argentina, sancionó y promulgó la ley N° 3.574 de Tránsito y Transporte.

La citada Ley establecía en su artículo 2° que la DIRECCIÓN DE TRÁNSITO Y TRANSPORTE dependía directamente del Ministerio de Obras y Servicios Públicos y tenía a su cargo el cumplimiento de las siguientes funciones:

a) El ordenamiento, sistematización y organización del tránsito de vehículos y personas en general.

---

11) Excepto los reembolsos correspondientes al Plan Nacional de Agua Potable, que fueron percibidos por el Departamento Contable del Ministerio de Obras y Servicios Públicos. B.O. 12/07/1968.

b) La racionalización, estructuración y contralor del servicio público y privado, del transporte de pasajeros y cargas.

La ley de Obras Públicas N° 1.926 fijó disposiciones comunes para todo tipo de obras, incluso las referidas a variaciones de costos. Pero los sistemas de liquidación de mayores costos eran dispares, por lo tanto se planteó la necesidad de elaborar un sistema de normas para determinar los criterios con que debían ser enfocados los diversos casos que se presentaran dentro de la gran variedad de tipos de obras que se construyen en nuestra provincia.

Por estas razones, se creó el 13 de setiembre de 1969 una **Comisión permanente** encargada del estudio de los problemas vinculados con las variaciones de costos y certificaciones en las obras públicas, dependiente de la Subsecretaría de Servicios Públicos.

Esta comisión fue integrada por cinco miembros, profesionales pertenecientes al ministerio y sus reparticiones descentralizadas y que cumplían funciones vinculadas con esta tarea.

A través de una serie de estudios realizados, se llegó a la conclusión de la conveniencia de introducir varias modificaciones en la estructura orgánica, vigente de los ministerios que componían el Poder Ejecutivo, que permitiera mejorar el desenvolvimiento de la administración pública.

El decreto N° 4.076, del 9 de setiembre de 1969, implantó una nueva organización para el Ministerio de Obras y Servicios Públicos, que contó a partir del presente con dos subsecretarías: de Obras Públicas y de Recursos Hídricos y Energéticos.

La Subsecretaría de Obras Públicas quedó con la siguiente estructuración básica:

- Dirección de Arquitectura y Planeamiento.
- Dirección de Construcciones.
- Dirección de Tránsito y Transporte.
- Dirección de Geodesia y Catastro.
- I.T.I.E.M.

Se vinculó a esta subsecretaría la Dirección Provincial de Vialidad, como una entidad descentralizada.

La Subsecretaría de Recursos Hídricos y Energéticos tuvo la siguiente estructura interna:

- Dirección de Hidráulica.
- Dirección de Obras y Servicios Sanitarios.

Se vincularon como entes descentralizados a la nueva subsecretaría:

- Departamento General de Irrigación.
- Dirección Provincial de Energía.

A continuación presentamos el siguiente cuadro, que muestra los cambios producidos en el Ministerio de Obras y Servicios Públicos, por el Decreto N° 4076/1969:

Organismo anterior	Organismo actual
Subsecret. de Serv.Públicos Dirección de Obras Hidrául.	Subsecret. de Recur. Hídricos y Energét. Dirección de Hidráulica

La DIRECCIÓN PROVINCIAL DE ENERGÍA, sufrió modificaciones en su estructura interna y funcionamiento por la aplicación de la ley N° 3.632, del 17 de octubre de 1969.

Esta repartición fue considerada como un ente autárquico, con personería jurídica propia para actuar conforme a la legislación vigente y sus relaciones con el Poder Ejecutivo las realizó por intermedio del Ministerio de Obras y Servicios Públicos.

La Dirección Provincial de Energía estaba regida por un Consejo de Administración, integrado por un administrador general, un gerente técnico, un gerente administrativo-contable y un gerente comercial.

Según el decreto N° 2.393/1970, se introdujeron cambios al anterior decreto N° 3.789, en vigencia, en cuanto reglamentaba el funcionamiento del REGISTRO PERMANENTE DE LICITADORES.

Los cambios introducidos fueron referidos al número de miembros que debía integrar el CONSEJO del Registro Permanente de Licitadores y a las atribuciones que a éste le competían.

El gobernador de la Provincia, ingeniero Francisco Gabrielli, consideró oportuno realizar algunas modificaciones parciales en la estructura, funcionamiento y relaciones del Ministerio de Obras y Servicios Públicos, por lo tanto expidió el decreto N° 2.911, de fecha 27 de julio de 1970, que estableció (12) **una nueva denominación para las subsecretarías del ministerio:**

- Subsecretaría de Obras Públicas.
- Subsecretaría de Servicios Públicos.

Quedaron vinculadas a la Subsecretaría de Obras Públicas:

---

(12) El decreto N° 2.911/1970 modifica parcialmente algunos articulos de la ley N° 3.489/1967 y decretos N° 3.862/67 y 4.076/69.

- Dirección de Arquitectura y Planeamiento.
- Dirección de Hidráulica.

Y los siguientes organismos descentralizados:
- Departamento General de Irrigación.
- Dirección Provincial de Vialidad.
- Dirección Provincial de Energía.

La Subsecretaría de Servicios Públicos tuvo la siguiente estructura:
- Dirección de Tránsito y Transporte.
- Dirección de Geodesia y Catastro.
- Dirección de Construcciones.
- Dirección de Obras y Servicios Sanitarios.
- I.T.I.E.M.

A los efectos de lograr un mejor funcionamiento administrativo, la EMPRESA PROVINCIAL DE TRANSPORTE, dependiente hasta el momento del Ministerio de Economía, fue transferida por el decreto N° 3.074, del 6 de agosto de 1970, bajo la dependencia del Ministerio de Obras y Servicios Públicos.

El gobierno de Francisco Gabrielli llevó a cabo la realización de importantes obras públicas para la provincia, ejecutadas a través de este ministerio. El detalle de las mismas es el siguiente:

- Construcción de la etapa final de la presa-embalse y central hidroeléctrica «El Carrizal».
- Revestimiento, rectificación y unificación de los canales de riego derivados de los principales ríos: Tunuyán, Diamante y Colorado.
- Proyecto para la construcción del dique Potrerillos.
- Construcción de la usina «Los Coroneles», en la cuenca del río Diamante.
- Estación Terminal de Omnibus: durante el año 1970 se iniciaron los trabajos de nivelación y el comienzo de la ejecución de las obras, luego del desalojo de la antigua feria de Guaymallén, que ocupaba ese predio.
- Tránsito y transporte: semaforización, señalización y demarcación urbana y rural.
- La Dirección Provincial de Vialidad llevó a cabo un extenso plan de conservación, mantenimiento y reparación de la red vial en la provincia. El resumen de los trabajos realizados es el siguiente:

Rutas provinciales con conservación permanente....	km 7.426
Rutas provinciales con conservación temporaria....	km 1.312
Total	km 8.738

Mientras que los trabajos realizados a cargo de la Dirección Nacional de Vialidad en las rutas nacionales llegaron a un total de km 1.736 en su totalidad (13).

De acuerdo como hemos visto hasta el presente, el decreto N° 2.911, modificó la denominación de las subsecretarías del ministerio y la dependencia de organismos centralizados y descentralizados; surgió entonces, la necesidad de adecuar la estructura y funciones de los servicios generales del ministerio que se venían cumpliendo por las distintas unidades administrativas y técnicas, con diversos niveles de jerarquías y relaciones de dependencia.

Atendiendo a este problema, el ministro de Obras y Servicios Públicos emitió la resolución N° 164, el 11 de setiembre de 1970, por la cual resolvió que:

a) Los servicios generales y de apoyo de la administración central del ministerio, se llevaran a cabo por medio de los departamentos, secretarías y asesorías.

b) Sobre la base de las dependencias existentes, que se mencionan a continuación, se organizó la SECRETARÍA DE COORDINACIÓN del Ministerio de Obras y Servicios Públicos, que tenía a su cargo la dirección y supervisión de las funciones y servicios que se detallan a continuación:

I) FUNCIONES
- Recepción.
- Relaciones Públicas.
- Prensa y Difusión.
- Oficina de Entidades de Bien Público.

II) SERVICIOS
- Mayordomía.
- Movilidad.
- Comunicaciones.

La Secretaría de Coordinación cumplió además, con todas las funciones que le encomedaba, en forma directa, el ministro y mantenía una estrecha relación funcional con los Subsecretarios.

c) Las funciones de asesoramiento se cumplieron por intermedio de la ASESORÍA TÉCNICA del Ministerio y contó con un coordinador de funciones.

La Asesoría Técnica desempeñó la funciones que a continuación se detallan:

I) DE APOYO DIRECTO

---

(13) Reseña de la labor realizada, por el gobernador Fco. Gabrielli, Mendoza, 1971, pp. 93-102.

- Asesoramiento al ministro y subsecretarios.
- Supervisión por delegación.

II) DE PLANIFICACION
- Investigación.
- Diagnóstico.
- Formulación de planes de corto, medio y largo plazo.
- Evaluación de proyectos.
- Evaluación de lo actuado y reformulación de planes.

En la misma resolución, se modificó también la denominación y estructura interna de algunas reparticiones del ministerio; como es el caso del Centro de Coordinación y Estadística, que pasó a llamarse en adelante DEPARTAMENTO DE CONTROL DE OBRAS Y ESTADÍSTICA.

De igual modo, quedó establecido que al DEPARTAMENTO CONTABLE del Ministerio, le correspondía el cumplimiento de las funciones previstas en el decreto N° 2.195/1968.

A la SECRETARÍA DEL DESPACHO GENERAL se le confió todo lo referente a las siguientes materias:

- Recepción, clasificación y tramitación diaria de las actuaciones administrativas.
- Redacción de decretos, resoluciones, notas y comunicaciones.
- Recopilación y archivo de leyes, decretos, resoluciones, notas y publicaciones oficiales.
- Atender todo lo relativo a la administración y control de personal.
- Control del cumplimiento de las disposiciones del Decreto-Acuerdo N° 3402/1967.

La DIRECCION DE TRÁNSITO Y TRANSPORTE, emitió una resolución, el 11 de febrero de 1971, por la cual determinó todos los requisitos a que debían ajustarse los «cuidadores de vehículos» en lugares públicos y la regulación de la actividad de los mismos.

De acuerdo con la resolución N° 32 del Ministerio de Obras y Servicios Públicos, del 30 de marzo de 1971, se resolvió que el Departamento de Control de Obras y Estadísticas, en adelante, cambiaría su denominación por DEPARTAMENTO DE CONTROL DE OBRAS, ESTADÍSTICAS Y COSTOS. teniendo a su cargo, además, de las tareas enumeradas anteriormente por la resolución N°164/1970, las siguientes:

- Estudio y determinación de los precios unitarios de los insumos y elementos intervinientes en las obras públicas.
- Confección de las estadísticas referidas a las variaciones de costos.
- Sistematización de todas las fuentes de información necesarias para lo-

grar el cabal cumplimiento de sus funciones.
- Estudio de los pliegos de condiciones de las licitaciones de los trabajos públicos.

Para el cumplimiento de estas funciones, el Departamento de Control de Obras, Estadísticas y Costos se relacionó directamente con la Comisión de Variaciones de Costos.

El gobernador de la Provincia, Francisco Gabrielli, promulgó el Decreto N° 3.587/1971, que modificó la vinculación que tenían algunas reparticiones descentralizadas a las dos subsecretarías del ministerio.

Se vincularon desde entonces a la Subsecretaría de Obras Públicas como organismos descentralizados:
- Departamento General de Irrigación.
- Dirección Provincial de Vialidad.

La Dirección Provincial de Energía quedó relacionada directamente, a través de la Subsecretaría de Servicios Públicos.

Desde la creación del Ministerio de Obras y Servicios Públicos, éste no contaba en su organización interna con una secretaría privada; por lo tanto el Ministro del ramo emitió la resolución N°144, el 2 de setiembre de 1971, donde se estableció que sobre la base de las dependencias existentes se organizaba la SECRETARIA PRIVADA del Ministerio de Obras y Servicios Públicos, que tuvo a su cargo el cumplimiento de las siguientes funciones:

- Recepción.
- Relaciones Públicas.
- Prensa, Difusión y Comunicación.

Debido a la proximidad de la inauguración de la nueva ESTACIÓN TERMINAL DE ÓMNIBUS MENDOZA, el gobierno de la Provincia promulgó la ley N° 3.832/1972, que ordenó que todo el ámbito ocupado por la Estación Terminal de Omnibus Mendoza, pertenecía al dominio público de la Provincia, quedando a cargo del Poder Ejecutivo el control y administración del mismo.

La Provincia ejerció en este ámbito el poder fiscal y de policía, en aquellos aspectos que no eran de competencia municipal.

La Estación Terminal de Ómnibus Mendoza quedó a cargo de la Dirección de la misma y bajo la dependencia directa del Ministerio de Obras y Servicios Públicos, debiendo encargarse de su administración, organización, ordenamiento y contralor de la misma.

La construcción de la Estación Terminal de Ómnibus, cuya inversión total superó los $ 1.400.000.000 m/n, fue iniciada a comienzos del año 1970, luego de haber desalojado de ese predio a la antigua Feria Concentración de Guaymallén.

Las principales características de la Estación Terminal eran:

- Superficie total de 5,7 hectáreas.
- Superficie cubierta de 19.083 m2.
- Dos niveles de acceso y tránsito: planta baja y planta alta.
- Capacidad para sesenta vehículos, cada uno en una dársena propia, donde se realizaba además el peaje, carga y descarga de equipos.
- Servicios: sala de espera, administración, boleterías, restaurantes, confiterías, correo, policía, bancos, teléfonos, primeros auxilios, informes, empresas turísticas, comercios, sanitarios, etcétera (14).

La ley N° 3.903, sancionada el 22 de febrero de 1973 por el gobierno de la Provincia, creó la DIRECCIÓN DE OBRAS Y SERVICIOS SANITARIOS, como un ente autárquico, bajo la dependencia del ministerio.

La Dirección de Obras y Servicios Sanitarios tuvo como fines específicos:

- El fomento, conservación, prestación y mejoramiento de los servicios de agua potable, desagües cloacales e industriales.
- El contralor y protección de las fuentes de provisión.
- Los cursos y cuerpos de receptores de aguas, por sí y/o en coordinación con otras reparticiones nacionales, provinciales y municipales, vinculadas a su actividad.

El Poder Ejecutivo transfirió a la Dirección de Obras y Servicios Sanitarios el personal, bienes y créditos del actual organismo centralizado y otros organismos que hicieron al cumplimiento de la citada ley.

Las unidades organizativas dependientes del Ministerio de Obras y Servicios Públicos eran las siguientes:

- Dirección de Tránsito y Transporte.
- Dirección de Geodesia y Catastro.
- Dirección de Arquitectura y Planeamiento.
- Dirección de Construcciones.
- Dirección de Obras y Servicios Sanitarios.
- Dirección de Hidráulica.
- I.T.I.E.M. (15).

El 20 de diciembre de 1974 se reestructuraron parcialmente algunas áreas

---

(14) Mendoza en marcha; Un año de gobierno, 1971, p. 47.
(15) Resolución N° 350 O.S.P., 7 de mayo de 1974.

del ministerio, para adecuar su funcionamiento a las necesidades mínimas de organización, ordenamiento y eficiencia. Las dos subsecretarías del ministerio reflejaron estos cambios de dependencia de algunas reparticiones y quedaron ordenadas del siguiente modo:

a) Subsecretaría de Obras Públicas
- Dirección de Arquitectura y Planeamiento.
- Dirección de Construcciones.
- Dirección de Hidráulica.
- I.T.I.E.M.

Se vincularon además los siguientes organismos descentralizados:
- Dirección Provincial de Energía.
- Dirección Provincial de Vialidad.

b) Subsecretaría de Servicios Públicos:
- Dirección de Tránsito y Transporte.
- Dirección de Geodesia y Catastro.
- Estación Terminal de Ómnibus Mendoza.

Se vincularon como entes descentralizados:
- Dirección de Obras y Servicios Sanitarios.
- Departamento General de Irrigación.
- Empresa Provincial de Transporte.

Dentro del ámbito del Ministerio comenzó a funcionar la SECRETARÍA TÉCNICA, dependiente directamente del ministro del ramo.
La Secretaría Técnica estaba a cargo de un jefe, que tenía como funciones la dirección y coordinación general de la misma.
Las atribuciones de la Secretaría Técnica fueron agrupadas en las siguientes áreas:

- Área de Planeamiento Físico.
- Área de Programación de la Obra Pública.
- Área Jurídica.

El decreto N° 2.035/1974 modificó algunos artículos del anterior decreto N° 4.240/1969, que quedaron redactados de la siguiente forma:

«Artículo N° 1: Créase una comisión permanente encargada del estudio de los problemas vinculados con las variaciones de costos y certificación de obras públicas que se realicen en la Provincia, la que se denominará COMISIÓN DE

VARIACIONES DE COSTOS y dependerá del Ministerio de Obras y Servicios Públicos, por intermedio de la Secretaría Técnica».

El gobernador brigadier Jorge S. Fernández, en ejercicio de las facultades legislativas conferidas por el gobierno nacional de la Junta Militar, sancionó y promulgó la ley N° 4.131, el 10 de enero de 1977, de creación de la DIRECCIÓN PROVINCIAL DE CATASTRO, como una repartición centralizada y dentro de la jurisdicción del Ministerio de Hacienda.

Esta nueva repartición sustituyó en sus deberes y atribuciones a la DIRECCIÓN DE GEODESIA Y CATASTRO, del Ministerio de Obras y Servicios Públicos. Por lo tanto, se transfirió bajo su dependencia y del Ministerio de Hacienda la totalidad de la planta de personal y de los créditos presupuestarios, que fijó la ley de Presupuesto para el año en vigencia.

En el mes de diciembre de 1978, se sancionó una nueva ley de Tránsito y Transporte para la Provincia N° 4.305, en la cual se fijó que el cumplimiento y aplicación de la misma, quedaba a cargo de la DIRECCIÓN DE TRÁNSITO DE LA POLICÍA DE MENDOZA, dependiente de la Jefatura de Policía, de la Dirección de Transporte, que funcionaba como un órgano desconcentrado, dependiente del Ministerio de Obras y Servicios Públicos.

El Ministerio elaboró un proyecto para la nueva **Ley Orgánica de Obras Públicas**, que sustituyó a la anterior, en vigencia, N° 1926. Este proyecto fue aprobado por el Poder Ejecutivo Provincial y convertido en ley N° 4416, el 8 de febrero de 1980.

El ámbito de aplicación de esta ley fue para las construcciones, conservaciones, instalaciones, modificaciones, restauraciones, servicios de industria y trabajos en general que realizara la Provincia y sus municipios, por sí o por intermedio de los entes centralizados, descentralizados o autárquicos.

También se aplicó a las sociedades anónimas de capital mayoritario estatal, a las sociedades del Estado, a las sociedades de economía mixta y a las empresas del Estado.

Por el artículo N° 17 se creó el REGISTRO ÚNICO DE CONSTRUCTORES DE OBRAS PÚBLICAS (R.U.C.O.P.), que reemplazó al anterior Registro Permanente de Licitadores.

Las funciones a cargo del R.U.C.O.P. eran: inscripción, habilitación, calificación y determinación de la capacidad técnica, financiera y económica de las personas físicas o jurídicas que pretendan ejecutar obras, según la Ley N° 4416.

El CONSEJO DE OBRAS PÚBLICAS, nació como un órgano consultivo y asesor de la administración y dependía directamente del Ministerio de Obras y Servicios Públicos.

El Consejo de Obras Públicas quedó integrado por los siguientes funcionarios:

- Subsecretarios del Ministerio de Obras y Servicios Públicos, siendo Presidente del mismo el subsecretario de Obras Públicas.
- Superintendente General de Irrigación.
- Presidente de la Dirección Provincial de Vialidad.
- Administrador general de la Dirección Provincial de Energía.
- Presidente del Instituto Provincial de la Vivienda.
- Presidente de la Dirección de Obras y Servicios Sanitarios.
- Tres directores de repartición del Ministerio de Obras y Servicios Públicos.
- Un director de repartición del Ministerio de Hacienda.
- Un director de repartición del Ministerio de Economía.
- Un representante de los profesionales de ingeniería y arquitectura.
- Un representante de las entidades vinculadas a la construcción.

El 7 de noviembre de 1980, se promulgó la ley N° 4.479, tras la cual, el gobernador de la provincia brigadier (R) Rolando J. Ghisani, dispuso la creación de la sociedad OBRAS SANITARIAS MENDOZA SOCIEDAD DEL ESTADO, sujeta al régimen de la ley nacional N° 20.705 y disposiciones de la ley nacional N°19.550 que le fueran aplicables.

Obras Sanitarias Mendoza S.E. era una sociedad de carácter unipersonal y su único socio capitalista es la Provincia de Mendoza.

El capital depositado para la constitución de la sociedad se fijó en la suma de $ 500.000.000.000, y se constituyó del siguiente modo:

a) Con el patrimonio de la Dirección de Obras y Servicios Sanitarios y los créditos presupuestarios que se determinaron en la ley de transferencia.

b) Con el patrimonio de la empresa Obras Sanitarias de la Nación, que se transfirió, conforme a los términos del Convenio de Transferencia, suscripto el 13 de junio de 1980 y ratificado por la ley N° 4.451.

La duración de la sociedad es de cien años, a partir de la fecha de su inscripción en el Registro Público de Comercio, pudiendo ser prorrogada por orden del Poder Ejecutivo.

El domicilio legal se fijó en la ciudad de Mendoza, con la posibilidad de establecer delegaciones, sucursales, agencias o representaciones dentro y fuera del país.

La empresa Obras Sanitarias Mendoza S.E. tenía a su cargo el estudio, proyecto, construcción, conservación, renovación, ampliación, explotación, administración y control de las obras y servicios de provisión de agua potable, desagües cloacales e industriales y en general de saneamiento básico de los aglomerados urbanos y comunidades rurales de la provincia.

También se encargó de la explotación, que hasta el momento se encontraba a cargo de Obras Sanitarias de la Nación y de la Dirección de Obras y Servicios Sanitarios, una vez operada la transferencia definitiva a favor de esta sociedad.

La dirección y administración de la sociedad quedó a cargo de un directorio, integrado por un presidente, un vicepresidente y tres directores titulares, designados por el Poder Ejecutivo.

Dentro del gobierno del brigadier Rolando J. Ghisani, se ratificó por la ley N° 4.511, el convenio celebrado entre la Provincia de Mendoza y la Empresa Agua y Energía Eléctrica de la Nación, el 29 de diciembre de 1980.

Por el convenio suscripto Agua y Energía Eléctrica de la Nación transfirió sin cargo a la Provincia, todos los servicios e instalaciones afectados a la prestación del servicio eléctrico.

Se incluyó además, en la transferencia, la correspondiente organización administrativa, contable, comercial y técnica, cuya estructura se encontraba vigente a la fecha.

Además se transfirieron por parte de la empresa a la provincia los inmuebles que la misma poseía hasta el momento, automotores, equipos y bienes muebles.

Como consecuencia del convenio de tranferencia suscripto por la Provincia, nació una nueva empresa provincial denominada ENERGÍA MENDOZA, SOCIEDAD DEL ESTADO (16), con sujeción al régimen de la ley nacional N° 20.705 y disposiciones de la ley nacional N° 19.550, con sus modificatorias y complementarias que le fueran aplicables.

La nueva sociedad creada era de carácter unipersonal y la Provincia de Mendoza fue quien suscribió la totalidad del capital social, fijado en la suma de $ 76.628.307.447, que fue integrado de la siguiente manera:

a) Con el patrimonio de la Dirección Provincial de Energía y los créditos presupuestarios, que le correspondían.

b) Con el patrimonio de Agua y Energía Eléctrica Sociedad del Estado Nacional, que resultó del convenio de transferencia.

c) con los muebles, instalaciones y demás bienes y derechos adquiridos o afectados a las tareas de inspección y coordinación para la construcción del Aprovechamiento Múltiple Potrerillos.

d) con las partidas de presupuesto para mantenimiento del embalse El Carrizal, de la Dirección de Hidráulica.

La empresa Energía Mendoza S.E. tomó a su cargo, a partir de este momento:

- La generación, transmisión y distribución de energía eléctrica, cuya explotación se encontraba hasta el presente a cargo de Agua y Energía Eléctri-

---

(16) La creación de la Empresa Energía Mendoza S.E. se realizó con la promulgación de la ley N°4.551, el 12 de mayo de 1981.

ca Sociedad del Estado.

- La construcción, operación y explotación de la obra: Aprovechamiento Múltiple Potrerillos, sobre el río Mendoza, autorizada por la ley N° 3.754.

La Empresa debió sujetarse en lo sucesivo a la política que en materia de desarrollo energético estableciera el gobierno de la Provincia, manteniendo su vinculación con éste por intermedio del Ministerio de Obras y Servicios Públicos.

El 30 de marzo de 1981 se promulgó la ley N° 4.541 de creación de la DIRECCIÓN DE COMUNICACIONES DE LA PROVINCIA, como una repartición desconcentrada del Ministerio de Obras y Servicios Públicos, y bajo la dependencia orgánica y funcional de la Subsecretaría de Servicios Públicos.

La creación de esta dirección tuvo por objeto llenar un vacío que existía en la administración provincial, que no contaba con un ente específico que coordinara su actividad con los organismo nacionales.

El adelanto tecnológico y la evolución operativa hicieron necesaria la creación de un organismo que fuera concordante con la estructura del Estado y que sirviera de nexo a esa tecnología, para la realización de convenios, tratados y acuerdos nacionales, de los cuales la provincia forma parte, para contar con un sistema provincial de comunicaciones eficiente.

Es importante destacar que en el Convenio Regional de Zonas Áridas, los gobernadores de las Provincias de San Juan, San Luis y Mendoza, se comprometieron a estructurar los respectivos entes de comunicación y a construir un sistema regional de comunicación, que impulsara y brindara servicios en las zonas áridas.

Además, la ley Orgánica de Ministerios N° 3.489 fijaba claramente la competencia de este ministerio en el área de comunicación según se expresa en su artículo N° 20.

A continuación presentamos un esquema de la organización y estructura del Ministerio de Obras y Servicios Públicos, realizado durante el mes de mayo de 1985, debido a la evolución que ha tenido desde su creación y a la aparición de un gran número de reparticiones que dependen del mismo:

MINISTERIO DE OBRAS Y SERVICIOS PÚBLICOS

SUBSECRETARIA DE OBRAS PÚBLICAS

- Dirección de Arquitectura y Planeamiento.
- Dirección de Hidráulica.
- Dirección de Construcciones.

- I.T.I.E.M.
- Dirección Provincial de Vialidad.

SUBSECRETARÍA DE SERVICIOS PÚBLICOS

- Dirección de Transporte.
- Estación Terminal de Ómnibus Mendoza.
- Obras Sanitarias Mendoza S.E.
- Energía Mendoza S.E.
- Dirección de Comunicaciones.
- Departamento General de Irrigación.
- Empresa Provincial de Transporte.

Debido a la importancia que tiene para la provincia la actividad desarrollada en materia de recursos hídricos y energéticos, y cuya competencia se atribuyó a este ministerio, se había creado, como hemos dicho anteriormente por el decreto N° 4076/1969, la Subsecretaría de Recursos Hídricos y Energéticos, pero posteriormente fue dejado sin efecto el mismo y restablecido el funcionamiento de la Subsecretaría de Servicios Públicos, según decreto N° 2.911/1970.

Respondiendo a esta necesidad, el gobernador de la Provincia Santiago Felipe Llaver, por el decreto N° 485, del 19 de febrero de 1987, creó la SUBSECRETARÍA DE ENERGÍA, COMBUSTIBLES Y RECURSOS HÍDRICOS, sobre la base de la anterior Subsecretaría de Servicios Públicos.

Se vincularon a la nueva Subsecretaría de Energía, Combustibles y Recursos Hídricos los siguientes organismos:

- Energía Mendoza S.E.
- Obras Sanitarias Mendoza S.E.
- Departamento General de Irrigación.
- Dirección de Hidráulica.
- Sector de Regalías Petrolíferas y Gasíferas del Ministerio de Hacienda.

Las funciones específicas que le competían a la citada subsecretaría eran el estudio, elaboración de políticas, evaluación, coordinación y programación de proyectos sobre recursos hídricos y energéticos de la Provincia y cualquier otra cuestión relacionada con el cumplimiento de los objetivos y funciones señalados.

Fue designado como subsecretario de Energía, Combustibles y Recursos Hídricos, el ingeniero Diego A. Carlos Grau, siendo ministro de Obras y Servicios Públicos el arquitecto Gerardo A. Andía.

Por razones técnicas, económicas y de eficacia administrativa, se consideró conveniente que la citada subsecretaría pasara a depender en adelante del

Ministerio de Economía, en lo que respecta a las funciones de Energía y Combustibles; en tanto que las funciones relativas a Recursos Hídricos continuaron bajo la órbita del Ministerio de Obras y Servicios Públicos.

Por lo tanto, en virtud de los programas económicos y de obras públicas, por parte del gobierno provincial, el ministerio aconsejó su modificación a fin de compatibilizar la nueva denominación con las misiones y funciones que tenía asignadas la subsecretaría.

El decreto N° 5.172, del 11 de diciembre de 1987 (17), modificó la denominación y las funciones de la Subsecretaría de Energía, Combustibles y Recursos Hídricos, que pasó a denominarse SUBSECRETARÍA DE ENERGÍA Y MINERÍA, dependiente del Ministerio de Economía.

Por un decreto del Poder Ejecutivo Provincial del 29 de mayo de 1985, comenzó a funcionar en el ámbito de este ministerio, la DIRECCIÓN DE PLANEAMIENTO FÍSICO Y AMBIENTAL, que se encargó de planificar, programar, coordinar y evaluar todas la acciones físicas que se realizaran sobre el territorio de la provincia, entendiéndose por tales las obras públicas a ejecutar y servicios públicos a prestar, por el gobierno de la provincia.

La actual Dirección de Arquitectura y Planeamiento y su Departamento de Planeamiento Físico cambiaron su denominación por la de DIRECCIÓN DE ARQUITECTURA Y URBANISMO y DEPARTAMENTO DE URBANISMO Y PAISAJE, pero sin alterar el cumplimiento de sus funciones o su dependencia orgánica.

El ministro de Obras y Servicios Públicos, Dr. Carlos Abihaggle, promulgó la resolución N° 19.010-0469, el 15 de abril de 1988, por la cual aprobó un nuevo organigrama funcional del ministerio, al mismo tiempo que se establecieron las relaciones jerárquico-funcionales y las vías de comunicación y autoridad correspondientes.

Con la sanción de la ley provincial N° 5.487, el 6 de diciembre de 1989 (18), quedó en vigencia una nueva **ley Orgánica de Ministerios**, que comenzó a regir a partir del 1 de enero de 1990.

De acuerdo con la nueva legislación, los ministerios que componen el Poder Ejecutivo son los siguientes:

- Gobierno.
- Hacienda.
- Economía.
- Salud.

---

18) La ley N° 5.487/89 modificó a la anterior ley Orgánica de Ministerios N° 3.489/67.
17) Con esta nueva disposición se derogó el decreto N° 485/87, y se suprimió la Subsecretaría de Energía, Combustibles y Recursos Hídricos.

- Obras y Servicios Públicos.
- Acción Social.
- Medio Ambiente, Urbanismo y Vivienda.
- Cultura y Educación.

Con la creación del nuevo Ministerio de Medio Ambiente, Urbanismo y Vivienda, se realizó el traspaso de algunas reparticiones y dependencias de otros ministerios al recientemente creado.

De este modo, se transfirió de la órbita del Ministerio de Obras y Servicios Públicos, la Dirección de Planeamiento Físico y Ambiental, al ámbito del Ministerio de Medio Ambiente, Urbanismo y Vivienda, que pasó a denominarse en adelante DIRECCIÓN DE ORDENAMIENTO AMBIENTAL Y DESARROLLO URBANO (19).

Con el propósito de disponer la redistribución de los espacios físicos existentes en la administración central y reparticiones centralizadas, el Poder Ejecutivo de la provincia emitió el decreto N° 1.383/90 de creación del COMITÉ DE REDISTRIBUCIÓN DEL ESPACIO FÍSICO DE LA ADMINISTRACIÓN PÚBLICA (C.R.E.F.A.P.), organismo que se debía encargar de realizar tales funciones.

El C.R.E.F.A.P. estaba presidido por el gobernador, e integrado por el secretario general de la Gobernación y los ministros de Obras y Servicios Públicos y de Medio Ambiente, Urbanismo y Vivienda.

El gobernador José Octavio Bordón aprobó el 17 de octubre de 1990 la sanción de la ley N° 5.577, de Tránsito y Transporte para la Provincia de Mendoza que reforma algunos artículos del decreto-ley N° 4.035/78 y disposiciones legales posteriores.

Según la citada ley se creó el COMITÉ DE TRÁNSITO Y TRANSPORTE, que estaba integrado por los ministros de Obras y Servicios Públicos; Medio Ambiente, Urbanismo y Vivienda, junto a los intendentes municipales de los departamentos que correspondieran, según los temas tratados y relacionados, con el territorio del municipio pertinente.

Se creó también, en el ámbito del ministerio, el CONSEJO ASESOR DE TRÁNSITO Y TRANSPORTE, cuyas funciones son las siguientes:

- Brindar asesoramiento al Comité de Tránsito y Transporte y autoridades superiores sobre cuestiones vinculadas con la aplicación de la Ley de Tránsito y Transporte.
- Emitir dictamen no vinculante en el trámite previo, a la sanción de toda resolución de carácter general, cuya finalidad sea regulatoria y ordenatoria del tránsito de personas y vehículos o del transporte de pasajeros o cargas.

---

19) Decreto N° 3.300, 21 de diciembre de 1989.

- Proponer la adopción de medidas que tiendan al mejoramiento del tránsito y transporte en todo el territorio provincial.

La Honorable Legislatura de Mendoza sancionó la ley N° 5.692, de creación de la COMISIÓN DE DESARROLLO CAMINERO DE LA ZONA SUR DE LA PROVINCIA, que abarca los departamentos de General Alvear, San Rafael y Malargüe; estaba integrada por el ministro de Obras y Servicios Públicos, Vialidad Provincial y las respectivas municipalidades.

Respondiendo a la política de transformación del Estado nacional, la Provincia de Mendoza decidió entregar en concesión la explotación y administración de la ESTACIÓN TERMINAL DE ÓMNIBUS MENDOZA, debido a que la explotación de la misma por parte del Estado significaba un alto porcentaje en costos operativos. A la vez que el crecimiento vegetativo, el progreso urbanístico y el incremento de la modalidad del transporte de pasajeros por colectivos, hacían necesaria su adecuación y mejoramiento de sus servicios auxiliares.

Luego de haberse realizado el llamado a licitación pública, el 16 de diciembre de 1991, el gobernador de la Provincia, licenciado Rodolfo Gabrielli, sancionó el decreto N° 4.137, mediante el cual se adjudicó a la COOPERATIVA DE TRABAJO TERMINAL DEL SOL DE MENDOZA LIMITADA, Unión Transitoria de Empresas, la concesión onerosa de la administración, mantenimiento, ejecución de obras, explotación comercial y de servicios anexos, de la Estación Terminal de Ómnibus Mendoza (E.T.O.M.), por el término de diez años.

Debido a la necesidad de cambiar las denominaciones de las subsecretarias del ministerio, se promulgó el decreto respectivo, N° 4.053, el 11 de diciembre de 1991, según el cual se sustituyeron en la jurisdicción de este Ministerio, las siguientes denominaciones: Subsecretaría de Obras Públicas por la de SUBSECRETARÍA DE INFRAESTRUCTURA PARA EL DESARROLLO y Subsecretaría de Servicios Públicos, por la de SUBSECRETARÍA DE CONTROL DE OBRAS Y SERVICIOS PÚBLICOS.

Esta modificación fue ratificada posteriormente por la Honorable Legislatura, al aprobarse la nueva ley Orgánica de Ministerios N° 5.808, el 26 de diciembre de 1991.

En la misma aparecen dos nuevos ministerios en la órbita del Poder Ejecutivo: el de Cooperación y Acción Solidaria y el de Cultura, Ciencia y Tecnología, ambos creados sobre la base de otros ya existentes, como es el caso del Ministerio de Acción Social y del Ministerio de Cultura y Educación, respectivamente, pero a los cuales se les incorporó nuevas funciones y competencias, ampliándose además su radio de acción en la sociedad.

De acuerdo con la citada ley los ministerios del Poder Ejecutivo eran los siguientes:

- Gobierno.
- Hacienda.
- Economía.
- Salud.
- Obras y Servicios Públicos.
- Cooperación y Acción Solidaria.
- Medio Ambiente, Urbanismo y Vivienda.
- Cultura, Ciencia y Tecnología.

A partir del 1 de febrero de 1992, comenzó a regir la reestructuración del Ministerio de Obras y Servicios Públicos, producida por el cambio de denominación y funciones en algunas reparticiones, como es el caso de:

- Dirección Provincial de Aeronáutica, que cambió por DIRECCIÓN DE CONTROL DE GESTIÓN ADMINISTRATIVA.
- I.T.I.E.M., por su nueva denominación DIRECCIÓN DE CONTROL DE CALIDAD DE OBRAS Y SERVICIOS PÚBLICOS.
- Dirección de Arquitectura y Planeamiento cambió por DIRECCIÓN DE COORDINACIÓN INSTITUCIONAL.
- Asesoría de Gabinete, denominada en adelante como DIRECCIÓN DE PROYECTOS Y PROGRAMAS ESPECIALES.

La COMISIÓN ASESORA en materia de Recursos, Reclamos y Denuncias, que funcionó desde el 1 de abril de 1992, bajo la órbita de este ministerio, se encargaba de asesorar de modo integral en los aspectos legales, económicos, financieros y técnicos que se generen por denuncias, reclamos y recursos originados en el ministerio y sus reparticiones centralizadas, previo al dictado de la respectiva norma legal.

A partir del 27 de agosto de 1992, la Dirección de Comunicaciones quedó encargada del control, seguimiento y fiscalización del cumplimiento de las obligaciones asumidas por la Empresa Telefónica de Argentina S.A., la Compañía Argentina de Teléfonos S.A. y la Compañía Ericsson S.A.C.e I. en su carácter de garante, según los términos expresados en el convenio celebrado con la Provincia el 1 de abril de 1992 y ratificado por la ley N° 5.840/1992.

Debido a la necesidad de coordinar las tareas de prevención, mantenimiento, organización de los trabajos y acción tendientes a la salvaguarda de bienes materiales y personas y coordinación en casos de desastres aluvionales, durante la época estival, se constituyó el COMITÉ DE DEFENSA

ALUVIONAL en el área del Ministerio de Obras y Servicios Públicos.

Este comité funcionó en el período comprendido entre el 1 de noviembre de 1992 y el 30 de abril de 1993, fecha en la que debió elevar un análisis del estado de situación, medidas adoptadas, tareas realizadas y diagnóstico, con indicaciones de propuestas para el período siguiente 1993/1994.

La ley N° 5.985, sancionada el 12 de marzo de 1993, establecía la creación del INSTITUTO DE POLÍTICA ENERGÉTICA DE MENDOZA, como un ente autárquico, que realiza sus relaciones con el Poder Ejecutivo a través del Ministerio de Obras y Servicios Públicos, que es quien debe fijar las pautas para el desarrollo de sus objetivos.

Los objetivos del Instituto de Política Energética eran:

- Inventariar y evaluar los recursos energéticos existentes en la provincia.
- Planificar integralmente las posibilidades de su aprovechamiento.
- Diseñar y proponer al Poder Ejecutivo los lineamientos básicos de la política energética.
- Proponer normas y reglamentaciones destinadas al ordenamiento legal del sector energético.
- Proponer normas para el uso racional de la energía.
- Realizar cualquier otra actividad que tienda al desarrollo de los recursos energéticos de la provincia.

La dirección y administración del instituto quedaron a cargo de un presidente y un Comité Ejecutivo, integrado por cuatro miembros.

SUBSECRETARÍA DE SERVICIOS PÚBLICOS Y DE OBRAS PÚBLICAS AÑO 1967

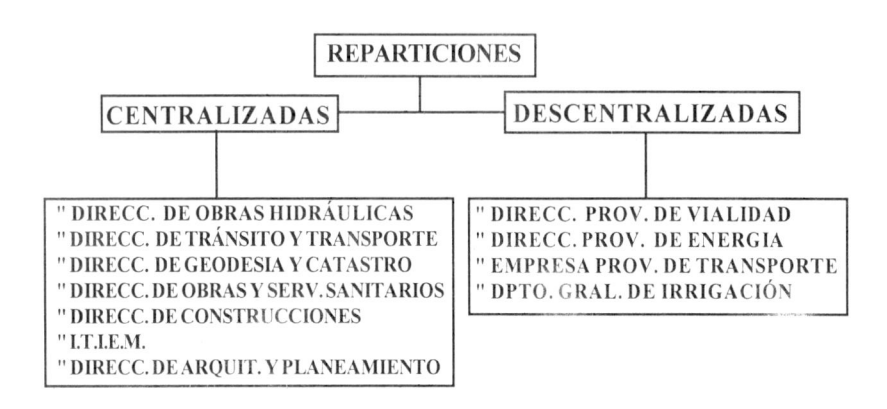

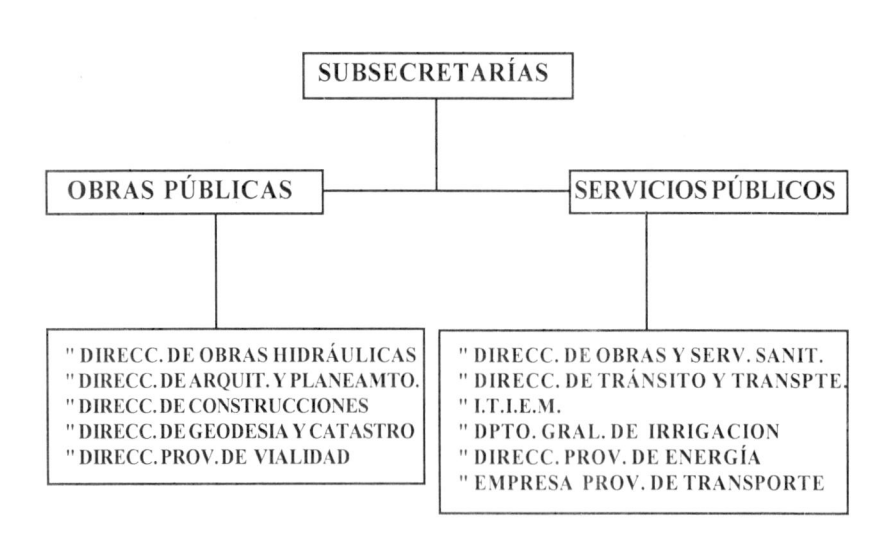

REPARTICIONES

CENTRALIZADAS

- " DIRECC. DE OBRAS HIDRÁULICAS
- " DIRECC. DE TRÁNSITO Y TRANSPORTE
- " DIRECC. DE GEODESIA Y CATASTRO
- " DIRECC. DE OBRAS Y SERV. SANITARIOS
- " DIRECC. DE CONSTRUCCIONES
- " I.T.I.E.M.
- " DIRECC. DE ARQUIT. Y PLANEAMIENTO

DESCENTRALIZADAS

- " DIRECC. PROV. DE VIALIDAD
- " DIRECC. PROV. DE ENERGIA
- " EMPRESA PROV. DE TRANSPORTE
- " DPTO. GRAL. DE IRRIGACIÓN

SUBSECRETARÍAS

OBRAS PÚBLICAS

- " DIRECC. DE OBRAS HIDRÁULICAS
- " DIRECC. DE ARQUIT. Y PLANEAMTO.
- " DIRECC. DE CONSTRUCCIONES
- " DIRECC. DE GEODESIA Y CATASTRO
- " DIRECC. PROV. DE VIALIDAD

SERVICIOS PÚBLICOS

- " DIRECC. DE OBRAS Y SERV. SANIT.
- " DIRECC. DE TRÁNSITO Y TRANSPTE.
- " I.T.I.E.M.
- " DPTO. GRAL. DE IRRIGACION
- " DIRECC. PROV. DE ENERGÍA
- " EMPRESA PROV. DE TRANSPORTE

MINISTERIO DE OBRAS Y SERVICIOS PÚBLICOS
AÑO 1988

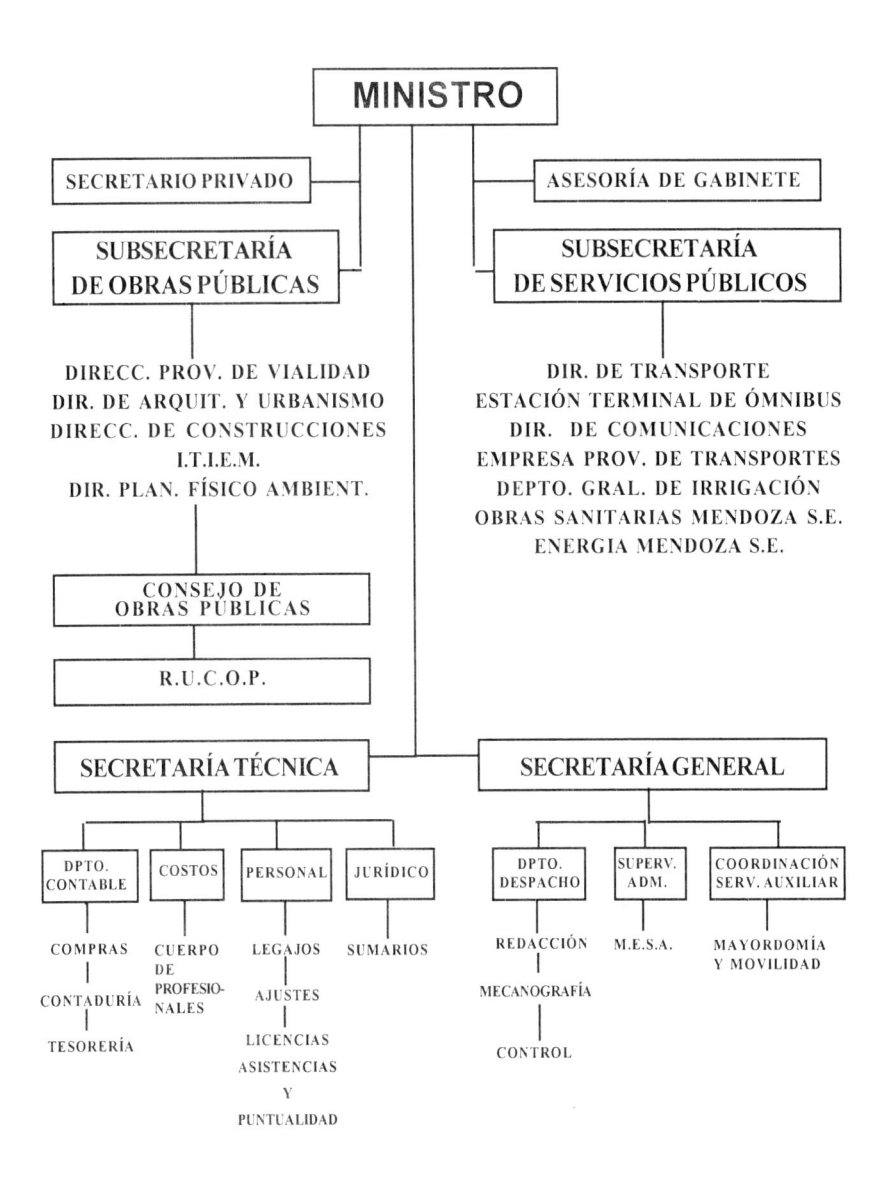

- **MINISTRO**
  - SECRETARIO PRIVADO
  - ASESORÍA DE GABINETE
  - **SUBSECRETARÍA DE OBRAS PÚBLICAS**
    - DIRECC. PROV. DE VIALIDAD
    - DIR. DE ARQUIT. Y URBANISMO
    - DIRECC. DE CONSTRUCCIONES
    - I.T.I.E.M.
    - DIR. PLAN. FÍSICO AMBIENT.
    - CONSEJO DE OBRAS PÚBLICAS
      - R.U.C.O.P.
  - **SUBSECRETARÍA DE SERVICIOS PÚBLICOS**
    - DIR. DE TRANSPORTE
    - ESTACIÓN TERMINAL DE ÓMNIBUS
    - DIR. DE COMUNICACIONES
    - EMPRESA PROV. DE TRANSPORTES
    - DEPTO. GRAL. DE IRRIGACIÓN
    - OBRAS SANITARIAS MENDOZA S.E.
    - ENERGIA MENDOZA S.E.
  - **SECRETARÍA TÉCNICA**
    - DPTO. CONTABLE
      - COMPRAS
      - CONTADURÍA
      - TESORERÍA
    - COSTOS
      - CUERPO DE PROFESIONALES
    - PERSONAL
      - LEGAJOS
      - AJUSTES
      - LICENCIAS ASISTENCIAS Y PUNTUALIDAD
    - JURÍDICO
      - SUMARIOS
  - **SECRETARÍA GENERAL**
    - DPTO. DESPACHO
      - REDACCIÓN
      - MECANOGRAFÍA
      - CONTROL
    - SUPERV. ADM.
      - M.E.S.A.
    - COORDINACIÓN SERV. AUXILIAR
      - MAYORDOMÍA Y MOVILIDAD

SUBSECRETARÍA DE INFRAESTRUCTURA PARA EL DESARROLLO
AÑO 1992

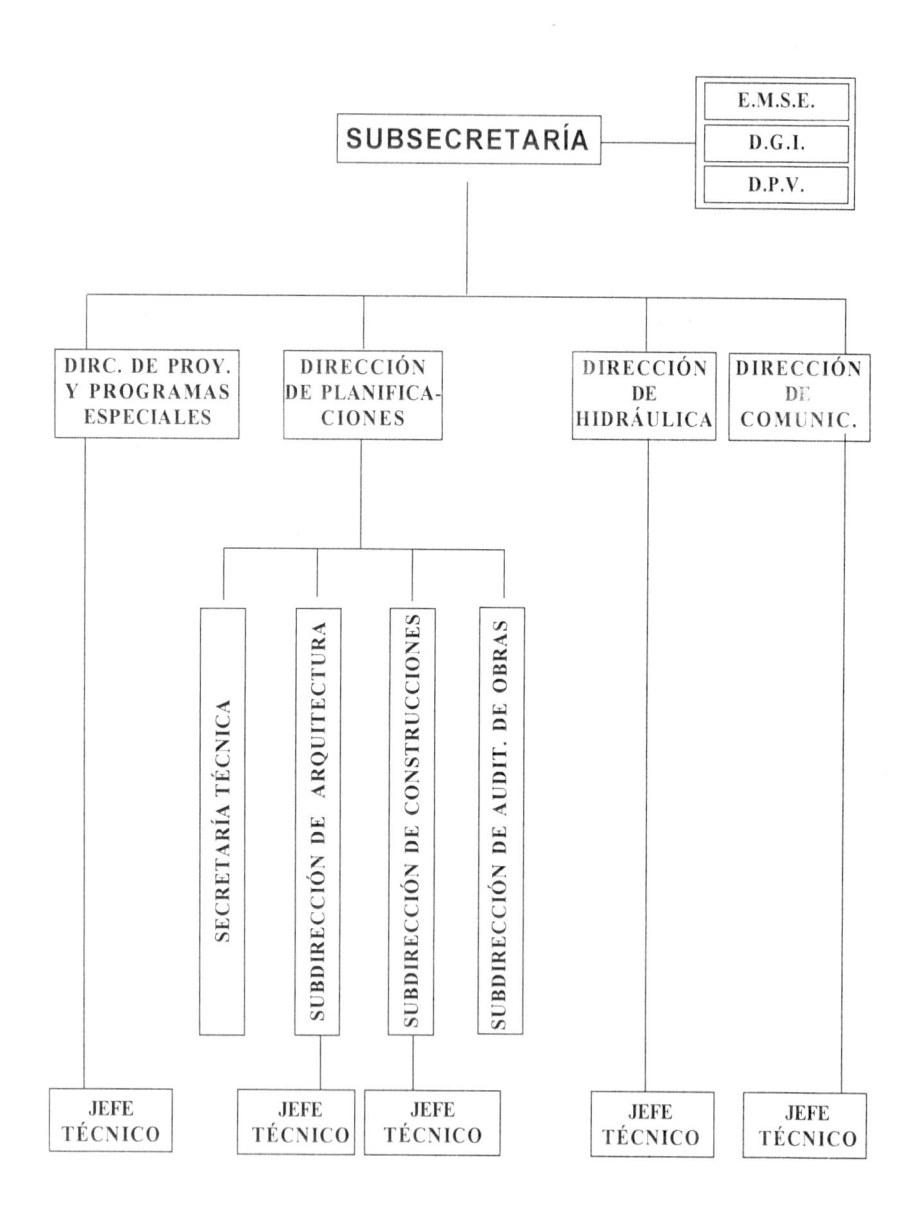

- **SUBSECRETARÍA**
  - E.M.S.E.
  - D.G.I.
  - D.P.V.

- **DIRC. DE PROY. Y PROGRAMAS ESPECIALES**
  - JEFE TÉCNICO

- **DIRECCIÓN DE PLANIFICACIONES**
  - SECRETARÍA TÉCNICA — JEFE TÉCNICO
  - SUBDIRECCIÓN DE ARQUITECTURA — JEFE TÉCNICO
  - SUBDIRECCIÓN DE CONSTRUCCIONES — JEFE TÉCNICO
  - SUBDIRECCIÓN DE AUDIT. DE OBRAS

- **DIRECCIÓN DE HIDRÁULICA**
  - JEFE TÉCNICO

- **DIRECCIÓN DE COMUNIC.**
  - JEFE TÉCNICO

SUBSECRETARÍA DE CONTROL DE OBRAS Y SERVICIOS PÚBLICOS
AÑO 1992

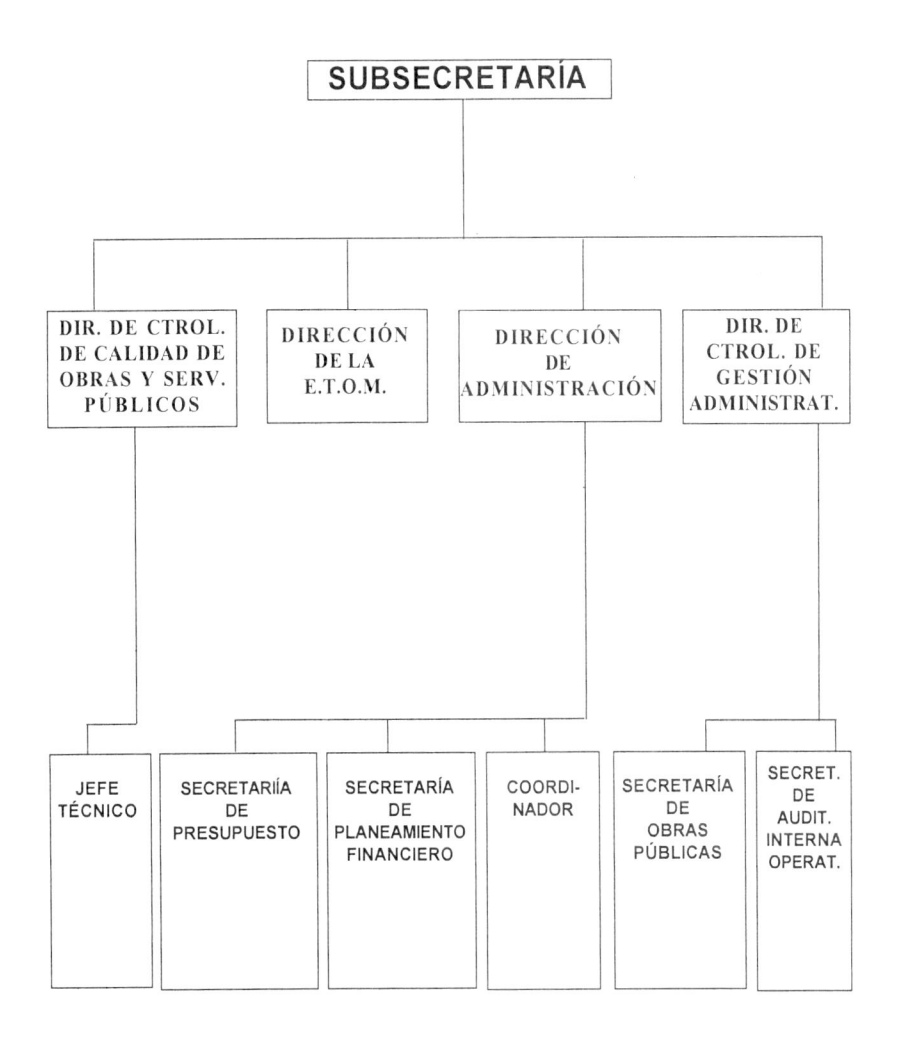

```
                          SUBSECRETARÍA
                               │
     ┌─────────────────┬───────┴────────┬──────────────────┐
DIR. DE CTROL.    DIRECCIÓN         DIRECCIÓN         DIR. DE
DE CALIDAD DE     DE LA             DE                CTROL. DE
OBRAS Y SERV.     E.T.O.M.          ADMINISTRACIÓN    GESTIÓN
PÚBLICOS                                              ADMINISTRAT.
     │                 ┌───────────────┼────────────┐      ├──────────┐
   JEFE          SECRETARÍA      SECRETARÍA     COORDI-  SECRETARÍA  SECRET.
   TÉCNICO       DE              DE             NADOR    DE          DE
                 PRESUPUESTO     PLANEAMIENTO            OBRAS       AUDIT.
                                 FINANCIERO              PÚBLICAS    INTERNA
                                                                     OPERAT.
```

SUBSECRETARÍAS
DEL MINISTERIO DE OBRAS Y SERVICIOS PÚBLICOS

DECRETO N° 3.862	SUBSECRETARÍA DE OBRAS PÚBLICAS SUBSECRETARÍA DE SERV. PÚBLICOS
DECRETO N° 4.076 09/09/1969	SUBSECRETARÍA DE OBRAS PÚBLICAS SUBSECRETARÍA DE RECURSOS HÍDRICOS Y ENERGÉTICOS
DECRETO N° 2.911 27/07/1970	SUBSECRETARÍA DE OBRAS PÚBLICAS SUBSECRETARÍA DE SERV. PÚBLICOS
DECRETO N° 485 19/02/1987	SUBSECRETARÍA DE OBRAS PÚBLICAS SUBSECRETARÍA DE ENERGÍA, COMBUSTIBLES Y RECURSOS HÍDRICOS
DECRETO N° 4.053 12/12/1991	SUBSECRETARÍA DE INFRAESTRUCTURA PARA EL DESARROLLO SUBSECRET. DE CTROL. DE OBRAS Y SERVICIOS PÚBLICOS

NÓMINA DE GOBERNADORES
Y MINISTROS DE OBRAS Y SERVICIOS PÚBLICOS
AÑOS 1963 - 1993

FECHA	GOBERNADORES	FECHA	MINIST. DE OBRAS Y SERV. PÚBL.
12/10/1963	Francisco J. Gabrielli	13/11/1963	Daniel L. Vicchi
28/06/1966	Interv. fed. Gral. Tomás J. Caballero	28/06/1966	Cnel. Osvaldo Amieva Saravia
04/08/1966	Interv. fed. Gral. (R) José E. Blanco	13/08/1966	Luis María Magistocchi
23/07/1970	Francisco J. Gabrielli	22/07/1970	Santiago Isern / Remo Ronchietto
05/04/1972	Interv. fed.Gral. Luis Gómez Centurión	07/04/1972	Cnel. Julio Cobos Daract
14/04/1972	Interventor Federal Félix E. Gibbs	14/04/1972	Segundo Godoy Nieva
26/03/1973	Interventor federal Ramón G. Díaz Bessone	26/03/1973	Alberto E. Montbrun
25/05/1973	Alberto Martínez Baca	25/05/1973	Roberto Carretero
06/06/1974	Vicegdor. Carlos A. Mendoza	12/06/1973	Paulino Huerta / Paulino Huerta
13/08/1974	Interventor federal Antonio Cafiero	11/09/1974	Armando Blasco
08/05/1975	Interventor federal Luis María Rodríguez	08/05/1975	Marcos Júarez
06/11/1975	Interventor federal Gral. Pedro León Lucero	06/11/1975	Guillermo Lexow
25/03/1976	Interventor federal Cnel. Tamer Yapur	24/03/1976	Cnel. Carlos Pajarino
07/04/1976	Interventor federal Jorge Sixto Fernández	06/07/1976	Tomás A. Montes
15/02/1980	Interv. federal Dr. Rolando José Ghisani	15/02/1980	Tomás Montes
21/01/1982	Interventor federal Dr. Bonifacio Cejuela	21/01/1982	Raúl S. Llano
		19/10/1982	Eliseo Vidart Villanueva
28/02/1983	Eliseo Vidart Villanueva	28/02/1983	Oscar Alberto Granata
11/12/1983	Santiago Felipe Llaver	11/12/1983	Gerardo A. Andía
11/12/1987	José Octavio Bordón	11/12/1987	Carlos E. Abihaggle
		22/08/1989	Ernesto Pérez Cuesta
		29/01/1990	Hugo Jorge Torres
11/12/1991	Rodolfo F. Gabrielli	11/12/1991	Roque A. Giménez

HISTORIA INSTITUCIONAL ANALÍTICA

OFICINAS, DEPENDENCIAS Y REPARTICIONES DEL MINISTERIO DE OBRAS Y SERVICIOS PÚBLICOS

1.- ASESORÍA TÉCNICA DEL MINISTERIO DE OBRAS Y SERVICIOS PÚBLICOS

Repartición creada el 11 de setiembre de 1970, por la resolución N° 164 del Ministerio de Obras y Servicios Públicos.

Mediante la misma se estableció que las funciones de asesoramiento del ministerio, se cumplirían por intermedio de la ASESORÍA TÉCNICA, la que contó con un coordinador de funciones a los efectos de la mejor organización del trabajo de aquélla.

La Asesoría Técnica desempeñaba las siguientes funciones:

a) De apoyo directo:

- Asesoramiento al ministro y los subsecretarios.
- Supervisión por delegación.

b) De planificación:

- Investigación.
- Diagnóstico.
- Formulación de planes de corto, medio y largo plazo.
- Evaluación de proyectos.
- Evaluación de lo actuado y reformulación de planes.

2.- CENTRO DE COORDINACIÓN Y ESTADÍSTICA

La existencia del Centro de Coordinación y Estadística se establece a partir del año 1967, cuando fue creado como consecuencia de la reestructuración del Ministerio de Obras y Servicios Públicos, de acuerdo con la ley Orgánica de Ministerios N° 3.489.

Durante el gobierno de José E. Blanco y estando a cargo del ministerio el ingeniero Luis María Magistocchi, se emitió el decreto-acuerdo N° 3.862, el 18 de julio de 1967, donde se determinaba la ubicación, relaciones y funciones específicas, que debía cumplir dicho centro:

- Coordinar y controlar el desarrollo de la obra pública provincial a través de:

a) Recopilación de antecedentes de las reparticiones, con el objeto de graficar el desenvolvimiento de la obra pública, para su análisis y crítica. Dichos antecedentes debían permitir la coordinación necesaria para realizar planes armónicos.

b) Constante actualización del estado de los estudios, proyectos y desarrollo de la obra pública.

c) Estadísticas sobre el estado financiero de la obra pública. Para tales fines se debía registrar su certificación mensual y acumulada.

d) Debida difusión de las informaciones recopiladas.

El Centro de Coordinación y Estadística dependía, según el mismo decreto, funcionalmente, de la Subsecretaría de Obras Públicas y, orgánicamente, de la Subsecretaría de Servicios Públicos, en forma conjunta con el Departamento Técnico-Jurídico.

Este centro comenzó a funcionar en forma efectiva a partir de marzo de 1967 y el 18 de julio del mismo año, fue inaugurada la Sala del Estado de la Obra Pública.

La función primordial de dicho centro era brindar al Poder Ejecutivo, y particularmente al Ministerio de Obras y Servicios Públicos y sus respectivas reparticiones, una visión panorámica de la obra pública que se desarrollaba en el ámbito de la Provincia, a través de sus diversas etapas de estudio, proyecto y ejecución.

Para ello realizaba la recopilación de las memorias descriptivas y técnicas de todas las obras, como también, llevando un registro del avance de su certificación.

Una vez realizada esta tarea, se hacía su graficación a través de cuatro sectores diferentes de la Sala del Estado de la Obra Pública, que son:

a) Desarrollo del Plan de Obras Públicas con su ubicación en el ámbito provincial.

b) Cronogramas de trabajo y diagramas de avance, curvas de certificaciones.

c) Desarrollo del plan y ubicación de las obras en cada departamento de la provincia.

d) Obras singulares y detalle de obras tipo.

Asimismo el centro asiste y asesora en el planeamiento y coordinación en las tareas del ministerio, facilitando un mayor control del avance del Plan de

Obras Públicas, detectando sus errores, para mejorar o cambiar la áreas que así lo necesitaren.

También realiza la evaluación de la información para su análisis, a nivel del ministerio en general y de cada repartición en particular.

Por medio de la resolución N° 164-O.S.P., del 11 de setiembre de 1970, se cambió la denominación del Centro de Coordinación y Estadística por la de DEPARTAMENTO DE CONTROL DE OBRAS Y ESTADÍSTICA, con las siguientes tareas a su cargo:

- Confección de cuadros, gráficos y demás elementos de análisis necesarios, para el control de la ejecución física de los planes de obra.

- Recopilación y procesamiento de la información tendiente a obtener todas las estadísticas necesarias, para la adecuada conducción de las obras y servicios de este ministerio.

El 30 de marzo de 1971, el Ministerio de Obras y Servicios Públicos emitió una nueva resolución N° 32, por la cual se cambió nuevamente la denominación del organismo, siendo en adelante DEPARTAMENTO DE CONTROL DE OBRAS, ESTADÍSTICA Y COSTOS, al cual se le asignaron además las siguientes funciones:

- El estudio y determinación de los precios unitarios de los insumos y elementos intervinientes en las obras públicas, susceptibles de sufrir reconocimientos en sus variaciones de costos, conforme a la legislación vigente, y la confección de planillas analíticas correspondientes a los mismos.

- La confección de las estadísticas referidas a las variaciones de costos, para la actualización permanente de las fórmulas correspondientes.

- La sistematización de todas las fuentes de información necesarias para lograr el cabal cumplimiento de las tareas establecidas anteriormente.

- El estudio de los pliegos de condiciones de las futuras licitaciones de trabajos públicos, donde se fijen los regímenes de reconocimiento de variaciones de costos.

El departamento se relacionó directamente con la Comisión de Variaciones de Costos y el jefe del departamento se desempeñaría además, como secretario permanente de dicha comisión.

3.- COMISIÓN ASESORA EN MATERIA DE RECURSOS

Debido a la necesidad de contar con una comisión bajo la órbita de este ministerio que se encargara de asesorar de modo integral en los aspectos legales, económicos, financieros y técnicos en materia de denuncias, reclamos y recursos el ministro de Obras y Servicios Públicos, Roque Giménez, emitió la resolución N° 280, el 1 de abril de 1992, por la cual se creaba la COMISIÓN ASESORA en materia de recursos, reclamos y denuncias.

La comisión está presidida por el subsecretario de Control de Obras y Servicios Públicos e integrada además por cuatro miembros profesionales.

4.- COMISIÓN ASESORA DEL PLANEAMIENTO FÍSICO

A los efectos de realizar el Planeamiento Físico de la Provincia, como parte de la competencia atribuida al Ministerio de Obras y Servicios Públicos, según la ley N°3.489/1967, el gobernador dispuso la creación, por intermedio del decreto N° 3.024/1967, de cuatro COMISIONES ASESORAS DEL PLANEAMIENTO FÍSICO.

Estas comisiones se integraron con los intendentes municipales y los representantes de las instituciones o entidades públicas o privadas autorizadas por el Poder Ejecutivo, por tener vinculación sus objetivos con los temas del planeamiento.

Las comisiones asesoras funcionaron en los distintos sectores, que abarcaron los siguientes departamentos:

SECTOR I: Capital, Godoy Cruz, Guaymallén, Las Heras, Luján y Maipú.
SECTOR II: Lavalle, San Martín, Santa Rosa, La Paz, Rivadavia y Junín.
SECTOR III: Tupungato, Tunuyán y San Carlos.
SECTOR IV: San Rafael, General Alvear y Malargüe.

El Departamento de Planeamiento Físico de la Provincia, dependiente de la Dirección de Arquitectura y Planeamiento, estaba encargado del estudio y evaluación de los problemas y ponencias, debiendo remitir sus conclusiones a la Comisión Interministerial de Planeamiento.

5.- COMISIÓN DE DESARROLLO CAMINERO

La Honorable Legislatura de Mendoza sancionó la ley N° 5.692, el 27 de mayo de 1991, de creación de la COMISIÓN DE DESARROLLO CAMINERO DE LA ZONA SUR, que abarca los departamentos de General Alvear, San Rafael y Malargüe.

Sus funciones son:

- Promover la integración vial de los departamentos de la zona Sur.
- Estudiar la factibilidad de las rutas provinciales N° 153, 180, 181, 183 y 184, caminos ganaderos, rutas nacionales y otras rutas comprendidas en esta zona.
- Determinar prioridades en función de los intereses socioeconómicos regionales.

Esta Comisión está integrada por el Ministerio de Obras y Servicios Públicos, Vialidad Provincial, y las respectivas Municipalidades de cada uno de los departamentos comprendidos.

6.- COMISIÓN DE ESTUDIOS HIDROELÉCTRICOS

Por el decreto N° 198, del 21 de enero de 1966 se creó la COMISIÓN DE ESTUDIOS HIDROELÉCTRICOS, bajo la dependencia de este ministerio.

Esta comisión tuvo a su cargo la terminación y/o actualización de los estudios existentes sobre aprovechamientos hidroeléctricos en el territorio de la provincia, así como la preparación de los proyectos para otras obras similares, con vistas a solucionar o disminuir el déficit energético de la provincia.

7.- COMISIÓN DE ESTUDIOS Y PLANIFICACIÓN

Debido a la necesidad urgente de realizar el estudio y planificación de las modificaciones estructurales, proyectadas en el Ministerio de Obras y Servicios Públicos y sus reparticiones, a raíz de su creación, se creó por la resolución N° 267, del 24 de octubre de 1966, una COMISION que se encargó de la ejecución de dichas tareas y que debía expedirse dentro de un plazo de veinte días a partir de la fecha.

8.- COMISIÓN DE VARIACIONES DE COSTOS

Por el decreto N° 4.240, del 13 de setiembre de 1969, se creó una COMISION permanente encargada del estudio de los problemas vinculados con las variaciones de costos y certificaciones en las obras públicas que se realizan en la provincia.

Esta comisión actuó dependiente de la Subsecretaría de Servicios Públicos, del Ministerio de Obras y Servicios Públicos.

Estaba integrada por cinco profesionales, pertenecientes al ministerio y sus reparticiones descentralizadas, siempre que cumplieran tareas vinculadas con esta comisión.

Las atribuciones y deberes de la misma fueron:

- Proponer el sistema de normas generales para liquidación de las variaciones de costos.
- Asesorar a las reparticiones para la formación o reorganización de las respectivas oficinas de liquidación, tanto de certificaciones corrientes de obras como de variaciones de costos.

- Confeccionar las estadísticas referidas a las variaciones de costos, para la actualización permanente de las fórmulas correspondientes.
- Evacuar toda consulta que le formulen las distintas reparticiones, en los aspectos técnico-económicos de las obras públicas.
- Realizar toda tarea que le encomiende el ministerio y el Consejo de Obras Públicas, vinculada con el sistema de liquidación de las variaciones de costos y los contratos de obra pública.
- Confeccionar un proyecto de «Pliego General de Condiciones y Especificaciones Técnicas», común para todas las obras ejecutadas por el régimen de la ley N° 1.926.

Por el decreto N° 2.035, del 20 de diciembre de 1974, se modificó el artículo referido a esta comisión, que pasó a denominarse COMISIÓN DE VARIACIONES DE COSTOS, dependiente también del Ministerio de Obras y Servicios Públicos, por intermedio de la Secretaría Técnica.

Esta comisión continuó con las mismas funciones a cargo de la anterior comisión, pero también se debía reunir para considerar los asuntos que le sean girados por las subsecretarías del ministerio o por la Secretaría Técnica, la que, además, coordinaría en forma general las tareas y comunicaciones.

9.- COMISIÓN PERMANENTE DE ESTUDIO DE VARIACIONES DE PRECIOS

Fue creada por el decreto N° 313, el 27 de febrero de 1981, otorgándole el cumplimiento de algunas funciones que antes formaban parte de la responsabilidad del Consejo de Obras Públicas.

- La Comisión Permanente de Estudio de Variaciones de Precios se encargó del estudio de los sistemas a utilizar para los reconocimientos de las variaciones de precios que se incluían en los pliegos licitatorios.

Son funciones de la comisión:

- Estudiar y dictaminar sobre los sistemas de variaciones de precios incluidos en los pliegos licitatorios.
- Proponer normas tendientes a coordinar las técnicas de cálculo de las variaciones de precios.
- Fijar criterios para la elaboración de tablas de precios, determinando así principios uniformes para la confección de pliegos de reconocimiento de precios.
- Confeccionar estadísticas referidas a las variaciones de precios, para la

actualización permanente de los sistemas de aplicación.

- Realizar toda otra tarea que le encomiende el Consejo de Obras Públicas, vinculada a los sistemas de liquidación de las variaciones de precios.

- La Comisión se reunirá para considerar los asuntos que le sean girados por el Consejo de Obras Públicas, una vez a la semana, como mínimo.

La comisión quedó integrada por cinco miembros profesionales especializados, pertenecientes al área del Ministerio de Obras y Servicios Públicos, dos representantes de la Cámara Argentina de la Construcción (que actuarán como alternos entre sí) y un secretario permanente que será el jefe de la División de Costos del Ministerio de Obras y Servicios Públicos.

La designación de los miembros de la comisión se realiza por resolución del ministerio, a propuesta del Consejo de Obras Públicas para los miembros estatales y por dos ternas presentadas por la Cámara Argentina de la Construcción.

10.- COMITÉ ASESOR DEL TRÁNSITO

El decreto-ley N° 4.305, promulgado por el gobernador de la Provincia Brig. Jorge S. Fernández, en diciembre de 1978, en su artículo 10°, constituyó el COMITÉ ASESOR DEL TRÁNSITO, que funcionó en el área del Ministerio de Obras y Servicios Públicos.

El Comité Asesor del Tránsito intervenía en el trámite previo a la sanción de toda norma de orden general que fuera ordenatoria o regulatoria de personas y de vehículos, con excepción de aquellas que se dictaran directamente por el Poder Ejecutivo.

La función del Comité Asesor consistía en el estudio del anteproyecto normativo, para expedir dictamen de asesoramiento. Si el dictamen era posivito, la norma proyectada podía ser dictada por el director de Transporte. Si el dictamen no era favorable, las actuaciones eran elevadas al Poder Ejecutivo para su resolución definitiva.

El Comité Asesor también asesoraba en la fijación de objetivos generales, en materia de tránsito de personas y de vehículos.

Los miembros que integraban el Comité Asesor eran: el subsecretario de Servicios Públicos que lo presidía; un funcionario de la Dirección de Transporte; un representante de la Dirección de Tránsito de la Policía de Mendoza y un representante del Ministerio de Gobierno.

La ley provincial N° 5.577, del 17 de octubre de 1990, modificó y sustituyó algunos artículos del decreto-ley N° 4.305, entre los cuales estaba el que se refería al Comite Asesor del Tránsito y estableció la creación del COMITÉ

DE TRÁNSITO Y TRANSPORTE, como un nuevo organismo a cargo de las siguientes funciones:

- La fijación de las políticas y objetivos generales en materia de tránsito y transporte de personas y vehículos, pasajeros y cargas.
- La adopción de medidas tendientes a procurar permanentemente la coordinación y concentración de los organismos de aplicación de la presente ley, entre sí y los municipios.
- La intervención en el trámite previo de sanción de todo decreto del Poder Ejecutivo que tienda al ordenamiento o regulación del tránsito de personas o vehículos y de transporte de pasajeros y cargas.
- La determinación del destino del monto asignado al Poder Ejecutivo obtenido de los recursos que, en carácter de contraprestación por la concesión otorgada, paguen las empresas adjudicatarias.
- La reglamentación del sistema de repartición para la asignación de los recursos correspondientes a los municipios, ad referéndum de la H. Legislatura, en un plazo no mayor de 45 días, a partir de la sanción de la presente ley.

El Comité de Tránsito y Transporte quedó integrado por los ministros de Obras y Servicios Públicos, Gobierno y Medio Ambiente, Urbanismo y Vivienda. Además, por los intendentes municipales de los departamentos que correspondan según los temas tratados y relacionados con el territorio del municipio pertinente. La presidencia del mismo está a cargo del ministro de Obras y Servicios Públicos.

Posteriormente, el decreto N° 1.917, del 23 de julio de 1991 se aprobó el Reglamento Interno de funcionamiento del Comité de Tránsito y Transporte.

11.- COMITÉ DE DEFENSA ALUVIONAL

El 29 de diciembre de 1992, por la resolución N° 946, quedó constituido el COMITÉ DE DEFENSA ALUVIONAL, en el área del Ministerio de Obras y Servicios Públicos.

El comité tiene a su cargo la coordinación de tareas para la prosecución de trabajos aluvionales, en la temporada estival y acciones a desarrollar en caso de emergencias producidas por aluviones.

Este comité funcionó en el período comprendido entre el 1 de noviembre de 1992 y el 30 de abril de 1993, fecha última en que debió elevar un análisis del estado de situación, medidas adoptadas, tareas realizadas y diagnóstico con indicación de propuestas para el período 1993-1994.

Integraron el Comité de Defensa Aluvional los titulares de los siguientes organismos: Dirección de Hidráulica, Departamento General de Irrigación,

Obras Sanitarias Mendoza, Dirección Provincial de Vialidad y Dirección de Defensa Civil. Estaba presidido por el Subsecretario de Infraestructura para el Desarrollo.

12.- COMITÉ DE REDISTRIBUCIÓN DEL ESPACIO FÍSICO DE LA ADMINISTRACIÓN PÚBLICA

Debido a la necesidad de realizar la redistribución de los espacios físicos en la administración central y reparticiones descentralizadas, con el fin de lograr una fluida relación funcional entre los distintos órganos, como también una mejor y más ágil atención del público, se creó el COMITÉ DE REDISTRIBUCIÓN DEL ESPACIO FÍSICO DE LA ADMINISTRACIÓN PÚBLICA (C.R.E.F.A.P.).

Este comité se encargó entonces de disponer la redistribución de los espacios físicos existentes y la racionalización de los mismos, en la administración central y reparticiones descentralizadas.

El CREFAP estuvo presidido por el gobernador de la Provincia, José O. Bordón, e integrado por el secretario general de la Gobernación y los ministros de Obras y Servicios Públicos y de Medio Ambiente, Urbanismo y Vivienda.

13.- CONSEJO ASESOR DE TRÁNSITO Y TRANSPORTE

Al quedar sancionada, el 17 de octubre de 1990, la ley N° 5.577 de Tránsito y Transporte para la provincia, se creó por la misma el CONSEJO ASESOR DE TRÁNSITO Y TRANSPORTE, cuyas funciones son las siguientes:

- Brindar asesoramiento, a requerimiento del Comité de Tránsito y Transporte, a autoridades superiores, sobre cuestiones vinculadas con la aplicación de esta ley.
- Emitir dictamen no vinculante en el trámite previo a la sanción de toda resolución de carácter general, cuya finalidad sea regulatoria y ordenatoria del tránsito de personas y vehículos o del transporte de pasajeros o cargas, de competencia de la autoridad de aplicación de esta ley.
- Proponer la adopción de medidas que tiendan al mejoramiento del tránsito y transporte en todo el territorio provincial.

El Consejo Asesor quedó integrado por los siguientes miembros:

Miembros permanentes: subsecretario del área de Servicios, del Ministerio de Obras y Servicios Públicos, que será el presidente; el director de Transporte, el director de Tránsito de la Provincia, y el presidente de la Dirección

Provincial de Vialidad.

Miembros no permanentes: un representante de cada Honorable Concejo Deliberante, un representante de los empresarios vinculados al sector, uno por cada cámara o asociación, uno por cada entidad ambientalista con personería jurídica, uno por cada gremio de los trabajadores del sector de transporte de pasajeros y cargas y uno de las uniones vecinales involucradas.

14.- CONSEJO DE OBRAS PÚBLICAS

En 1949, por el decreto-acuerdo N° 667, nace el CONSEJO DE OBRAS PÚBLICAS. Posteriormente la ley Orgánica de Obras Públicas de la Provincia N° 1.926, sancionada en el año 1956, estableció en su artículo N° 68:

"Créase el CONSEJO DE OBRAS PÚBLICAS, que será un organismo de planificación, consultivo y asesor, dependiente del Ministerio de Economía, Obras Públicas y Riego".

Este Consejo estaba integrado por cinco miembros, jefes de reparticiones técnicas del ministerio, por el superintendente general de Irrigación, el director de Vialidad Provincial y presidido por el subsecretario del Ministerio de Economía, Obras Públicas y Riego.

Con la creación del Ministerio de Obras y Servicios Públicos, en 1967, el Consejo de Obras Públicas pasó a depender del nuevo ministerio.

Si bien se otorgó al consejo el cumplimiento de funciones de planificación, éste actuó desde el comienzo solamente como un ente consultivo y asesor del ministerio y de los organismos ejecutores de obras públicas que lo solicitaran.

Son presentados ante el consejo los expedientes de obras públicas, en su etapa final, a fin de que éste realice el dictamen, dentro de su competencia.

Como otros temas, puede también solicitársele opinión sobre la interpretación o aplicación de algunos artículos de la ley Orgánica de Obras Públicas.

Las funciones de planificación de la obra pública han quedado reservadas al Ministerio de Obras y Servicios Públicos, quien anualmente elabora el proyecto del decreto N° 1, que fija el límite de certificación y pago del Plan de Obras Públicas, conforme lo establece la ley N° 2.541.

En el mes de junio de 1967, el gobernador José E. Blanco consideró necesario actualizar la reglamentación del artículo 68 de la ley de Obras Públicas, por lo tanto, según el decreto N° 3.512/1967, las funciones del Consejo de Obras Públicas son:

- Dictaminar aconsejando la resolución más conveniente, acerca de los puntos o asuntos que el Poder Ejecutivo someta a su consideración.

- Estudiar, proyectar y proponer al Poder Ejecutivo sanción de las leyes referentes a obras públicas y la modificación de las ya existentes.

- Estudiar los planes que en materia de obras públicas prepare el gobierno y controlar la ejecución de los ya aprobados.

- Sugerir las normas necesarias para fundamentar los planes de obras a desarrollar por el gobierno, consultando las estadísticas de los organismos especializados de la Provincia.

- Expedir dictamen en los casos de rescisión o de transferencia de contratos, sin perjuicio del dictamen legal del asesor de gobierno o fiscal de Estado, como asimismo, en los casos de duda, sobre la adjudicación de obras, modificaciones o adicionales de las mismas y ampliación del plazo contractual.

- Expedir dictamen en los casos no previstos por la legislación vigente sobre reconocimiento de mayores costos en las obras públicas.

- Dictaminar en los casos previstos por los artículos 11°, 23°, 24°y 25° del decreto N° 3.789/1960 reglamentario del Registro Permanente de Licitadores.

A partir de la nueva estructuración, el Consejo de Obras Públicas quedó integrado por los siguientes funcionarios:

Subsecretario de Obras Públicas, que es el presidente del consejo, secretario de Hacienda, superintendente General de Irrigación, director de Vialidad Provincial, subsecretario de Servicios Públicos, subsecretario de Industria y Comercio, director de Arquitectura y Planeamiento, gerente general de Dirección Provincial de Energía, director de Construcciones, director de Obras Hidráulicas, un representante de la Cámara Argentina de la Construcción y uno del Consejo Profesional de Ingenieros, Arquitectos, Agrimensores y Geólogos de Mendoza.

El 8 de febrero de 1980, el gobernador Brig. Mayor (R.E) Jorge S. Fernández sancionó y promulgó la nueva Ley de Obras Públicas N° 4.416, mediante la cual se rectificó la creación del Consejo de Obras Públicas, como un organismo consultivo y asesor del Ministerio de Obras y Servicios Públicos.

Además de los miembros ya citados, se incorporaron como nuevos consejeros el presidente del Instituto Provincial de la Vivienda, el Presidente de la Dirección de Obras y Servicios Sanitarios, tres directores de repartición del Ministerio de Obras y Servicios Públicos, un Director de repartición del Ministerio de Hacienda y uno de Economía.

La presidencia del mismo continuó a cargo del subsecretario de Obras Públicas y se consideró indeclinable el cargo de consejeros para los miembros estatales.

Las funciones que se agregaron por la nueva legislación, como parte del consejo, son:

- Dictaminar en la determinación de los sistemas sobre variaciones de precios, pudiendo para ello crear comisiones de estudio.

- Dictaminar sobre redacción y modificaciones del Reglamento del Registro de Constructores y supervisar su funcionamiento.

- Solicitar colaboración directa de reparticiones nacionales, provinciales y municipales y entidades privadas sobre temas que hacen al cumplimiento de sus funciones.

- Dictaminar sobre el proyecto del Pliego Básico de Condiciones y sus modificaciones.

El 27 de febrero de 1981 el gobernador de la Provincia, Rolando J. Ghisani, emitió el decreto N° 313, de reglamentación de las leyes de Obras Públicas N° 4.416 y 4.515.

En el mismo se rectificaron algunos artículos de la ley N° 4.416, referidos a los funcionarios que integran el Consejo de Obras Públicas.

En adelante algunas funciones que eran de la órbita de incumbencia del consejo, se deslindaron y pasaron a pertenecer a la COMISIÓN PERMANENTE DE ESTUDIO DE VARIACIONES DE PRECIOS.

El gobernador José O. Bordón modificó el artículo 38° del citado decreto, que a su vez modifica el artículo 107 de la ley N°4.416, y determinó en adelante que para la designación de representantes de los profesionales de ingeniería y arquitectura y de las entidades vinculadas a la construcción, las ternas serán elevadas por las diferentes instituciones que las representan en la provincia.

Además se estableció que cuando el tema a tratar en las reuniones del Consejo estuviera relacionado con los municipios o reparticiones que no integren el mismo, su presidente podría requerir la presencia de un representante del organismo interesado.

15.- DEPARTAMENTO CONTABLE

El Ministerio de Obras y Servicios Públicos y sus reparticiones centralizadas atendía sus gastos de funcionamiento, a través de sus habilitaciones respectivas.

La existencia de este régimen obedecía a dos razones principales:

a) Necesidad de descargar a Contaduría General de la Provincia, del manejo de los gastos de funcionamiento de cada una de las reparticiones.

b) Conveniencia de otorgar a los órganos de la administración central una cierta autonomía de funcionamiento.

Para ello, Contaduría General entregaba a un empleado de la repartición, a quien se habilitaba para recibirlos, los fondos autorizados en el presupuesto ordinario y, si se llevaban a cabo obras por administración, los fondos que correspondían al Plan de Obras Públicas.

El manejo de esos fondos se llevaba a cabo de común acuerdo con el funcionario respectivo, subsecretario o director, quien era solidariamente responsable con el habilitado.

Frente a la necesidad de dar solución a las insuficiencias administrativas del régimen actual, se consideró necesaria la creación de un Departamento Contable y considerando que, dependientes del Ministerio de Obras y Servicios Públicos, funcionaban siete reparticiones centralizadas, cada una de las cuales tenía su Habilitación propia, las que podían eliminarse con las consiguientes ventajas de división de trabajo y ahorro del personal.

Siendo además necesaria la implementación de un sistema de costos que permitiera valorar las diferentes etapas de la obra pública, para juzgar objetivamente la gestión y permitir la introducción de las mejoras que fueran necesarias. El 10 de mayo de 1968, el gobernador de la Provincia, José E. Blanco, a través del decreto N° 2.195, determinó la creación de un Departamento Contable, que unificara las tareas de contabilización, análisis e información del presupuesto ordinario y del presupuesto del Plan de Obras Públicas correspondiente a la administración central y reparticiones centralizadas del Ministerio de Obras y Servicios Públicos.

El departamento estaba a cargo de un profesional, con título de contador público nacional, que sería el jefe del Departamento Contable y se organizó en tres divisiones, a cargo de un contador, un tesorero y un jefe de Compras y Personal.

Cada una de las secciones o divisiones, tiene a su cargo las siguientes funciones:

a) Sección Contaduría: imputación, registración contable y control de inventario y stock.

b) Sección Tesorería: recaudaciones, pagos y rendiciones de cuentas.

c) Sección Suministro y Personal: adquisición, contrataciones y administración del personal.

A través del funcionamiento de cada una de estas Secciones como parte integrante del Departamento Contable, se lograron obtener las siguientes finalidades:

- Unificación de las adquisiciones y contrataciones de todo el ministerio, con miras a uniformar los elementos de uso común y economizar en las compras globales.

- Programación adecuada de los pagos, para evitar la acumulación de fondos inactivos y aumentar la capacidad financiera del ministerio.

- Sistematización y mecanización de las registraciones contables.
- Información completa y oportuna, a través de informes periódicos, que permiten planificar y supervisar la ejecución de obras.
- Implantación de un sistema de costos, que brindó las bases objetivas para el juzgamiento posterior de la gestión.
- Simplificación y agilización del trámite administrativo.
- Subdivisión de la responsabilidad entre las personas encargadas de manejar fondos y valores, para asegurar un control más estricto y completo.
- Asesoramiento en materia administrativa y financiera, para facilitar la toma de decisiones.

El manejo de los fondos se estipuló de la siguiente manera: Contaduría General deposita los fondos que corresponden al Ministerio de Obras y Servicios Públicos y reparticiones centralizadas en una cuenta bancaria, a nombre del Departamento Contable, que se abrió a la orden indistinta del subsecretario de Obras Públicas o de Servicios Públicos.

El funcionamiento del Departamento fue internamente reglamentado por un Manual de Instrucciones, que se realizó a tal efecto.

16.- DEPARTAMENTO GENERAL DE IRRIGACIÓN

Mucho tiempo antes de la fundación y colonización de la Ciudad de Mendoza, fue motivo principal de preocupación la ejecución y realización de una infraestructura hidráulica y de un sistema de irrigación, que posibilitara el desarrollo normal de la vida en un oasis como es la provincia de Mendoza.

Desde la época colonial el manejo de las agua fue en la provincia competencia del Juez de Aguas.

La Constitución de la Provincia de 1854 establecía que las autoridades específicas encargadas de la distribución de las aguas serían en adelante las municipalidades.

Este sistema subsistió hasta el año 1894, cuando se reformó la Constitución provincial y se adoptó el sistema actual de distribuir la administración del agua a un organismo descentralizado.

El Departamento General de Irrigación reconoce su origen en la Constitución de la Provincia, donde se establece expresamente que:

"Todos los asuntos que se refieran a irrigación en la Provincia, estarán a cargo de un Departamento de Irrigación, compuesto por un superintendente nombrado por el Poder Ejecutivo, con acuerdo del Senado, y cuatro vocales, nombrados por los propietarios de los predios".

Los predios a que se refiere esta cita son los mismos que establece el artículo 215 de la Constitución.

Este principio que dio origen al Departamento General de Irrigación se mantuvo inalterable en las posteriores constituciones que se dictaron para la Provincia: 1900, 1910, y 1916, como también en la Constitución que rigió desde 1949 hasta 1956, en que se derogó y puso nuevamente en vigencia la Constitución provincial de 1916.

En el año 1884 se sancionó y promulgó la LEY DE AGUAS y en 1888 la LEY COMPLEMENTARIA DE AGUAS, cuyos textos ordenados según decreto del Poder Ejecutivo del 29 de noviembre de 1888, dieron origen a la LEY GENERAL DE AGUAS, actualmente en vigencia. Conforme a la misma se organizó en la Provincia el Departamento General de Irrigación.

Posteriormente la ley N° 322, del año 1905, reglamentó la ley General de Aguas, organizando de una manera más adecuada al departamento.

El Departamento General de Irrigación es un organismo descentralizado, autárquico y está exclusivamente a cargo de todos los asuntos relativos a irrigación, excepto aquellos que competen a jueces ordinarios.

Por medio del decreto N° 3.862, del 18 de julio de 1967, se estableció que la relación del departamento con el Poder Ejecutivo se realiza por intermedio del Ministerio de Obras y Servicios Públicos, a través de la Subsecretaría de Servicios Públicos.

El funcionamiento del departamento está dado sobre la base de la existencia de los siguientes órganos:

a) Superintendente de Aguas o superintendente general de Irrigación.
b) Consejo de Apelaciones.
c) Tribunal Administrativo.
d) Subdelegaciones de Aguas, en cada uno de los ríos de la Provincia.
e) Demás funcionarios y empleados necesarios para el desenvolvimiento técnico y administrativo.

a) Superintendente general de irrigación

Es la máxima autoridad ejecutiva y técnica del Departamento, responsable de la administración general de las aguas en la parte científica y de reglamentación, aplicación y cumplimiento de la ley de Aguas en toda la provincia. También tiene el poder de policía de las aguas y sus cauces naturales, riberas y zonas de servidumbre, debiendo dictar todas las medidas necesarias para el buen uso y aprovechamiento de aquéllas.

Es el representante legal del departamento y también juez de Aguas, pues entiende en apelaciones de las decisiones de los subdelegados.

Administra también los fondos del Departamento, debiendo rendir cuentas al Tribunal Administrativo. Conoce, además, de las quejas contra los funcionarios de inferior jerarquía y decreta la distribución del agua «a turno» entre los distintos canales de riego.

b) Consejo de Apelaciones

Al dictarse la ley N° 322, reglamentaria de la Sección Novena de la Constitución de 1900 (sancionada y promulgada en 1905), se creó un cuerpo colegiado, denominado HONORABLE CONSEJO DE APELACIONES.

Este consejo está constituido por cinco miembros, que son designados por el Poder Ejecutivo, con acuerdo del Senado. De entre sus miembros se elige un Presidente y duran cinco años en sus funciones. Se renuevan todos los años.

Estos miembros son inamovibles, salvo por mal desempeño de sus funciones mediante juicio político lo que les da independencia política partidaria y contribuye a la eficiencia del organismo.

Es el Tribunal Superior de instancia administrativa en asuntos de distribución y uso del agua pública. Ante él son recurribles las decisiones del superintendente y sus fallos constituyen la última instancia administrativa.

c) Tribunal Administrativo

Es un organo colegiado, integrado por el superintendente de Irrigación, más los cinco miembros del consejo.

Sus funciones eran:

- Nombrar y remover todos los empleados del departamento.
- Sancionar el presupuesto anual de gastos y recursos del departamento y fijar el importe de los tributos que recauda, para cumplir sus responsabilidades.
- Aprobar y desaprobar la elección de autoridades de canales y designar interventores en casos necesarios.
- Aprobar o rechazar los presupuestos anuales de dichos canales.
- Expedir reglamentos para el régimen interno del departamento y también otorgar derechos y obligaciones a los usuarios de aguas.
- Otorgar concesiones para la utilización de aguas subterráneas.

d) Subdelegados de Aguas:

La Constitución de Mendoza otorgó dirección autónoma a cada uno de los ríos de la Provincia, sin perjuicio de su dependencia del departamento.

Al frente de la administración de cada uno de los ríos hay un subdelegado de Aguas, que depende jerárquicamente del superintendente y desempeña las funciones de éste, en su respectivo río y en la distribución del agua entre los canales de él derivados.

Son cinco los subdelegados de Aguas, uno para cada uno de los ríos: Mendoza, Diamante, Atuel, y dos para el río Tunuyán (dividido en dos subcuencas, pues tiene dos diques distribuidores).

e) Demás funcionarios y empleados

- Los compartidores: empleados subalternos dependientes de los subdelegados.

- Inspectores de Cauces: a cuyo cargo se encuentra la administración de los canales e hijuelas.

- Juntas Honorarias de Regantes: son juntas de carácter consultivo, una por cada subdelegación.

A continuación presentamos el siguiente organigrama funcional del Departamento General de Irrigación y de las asociaciones de usuarios:

DEPARTAMENTO GENERAL DE IRRIGACIÓN
ORGANIGRAMA FUNCIONAL

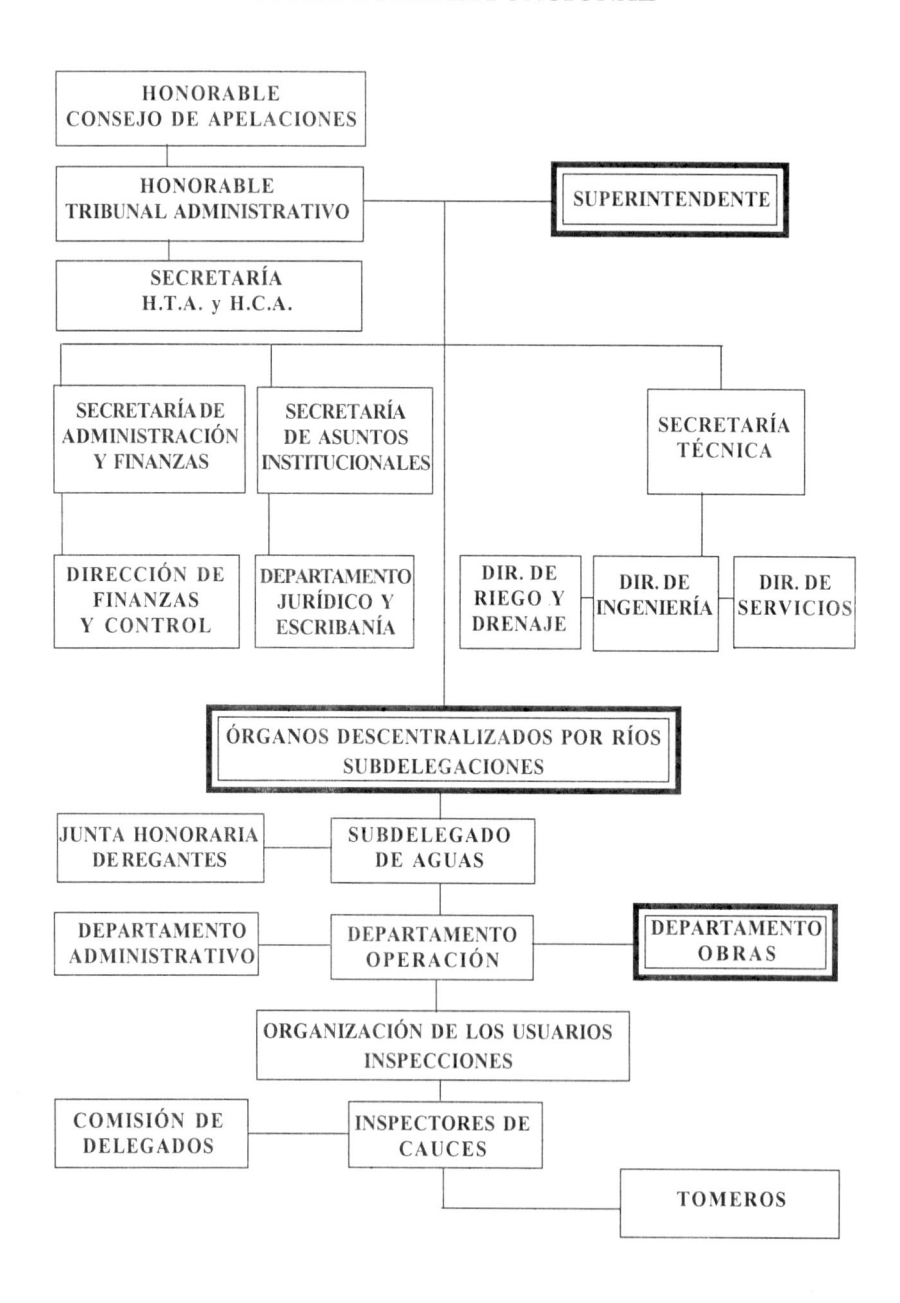

- HONORABLE CONSEJO DE APELACIONES
- HONORABLE TRIBUNAL ADMINISTRATIVO
- SECRETARÍA H.T.A. y H.C.A.
- SUPERINTENDENTE
- SECRETARÍA DE ADMINISTRACIÓN Y FINANZAS
- SECRETARÍA DE ASUNTOS INSTITUCIONALES
- SECRETARÍA TÉCNICA
- DIRECCIÓN DE FINANZAS Y CONTROL
- DEPARTAMENTO JURÍDICO Y ESCRIBANÍA
- DIR. DE RIEGO Y DRENAJE
- DIR. DE INGENIERÍA
- DIR. DE SERVICIOS

ÓRGANOS DESCENTRALIZADOS POR RÍOS SUBDELEGACIONES

- JUNTA HONORARIA DE REGANTES
- SUBDELEGADO DE AGUAS
- DEPARTAMENTO ADMINISTRATIVO
- DEPARTAMENTO OPERACIÓN
- DEPARTAMENTO OBRAS

ORGANIZACIÓN DE LOS USUARIOS INSPECCIONES

- COMISIÓN DE DELEGADOS
- INSPECTORES DE CAUCES
- TOMEROS

17.- DEPARTAMENTO TÉCNICO-JURÍDICO

A raíz del programa de ordenamiento y transformación de los ministerios que se llevó a cabo a fines de 1966, el Ministerio de Obras y Servicios Públicos vio la necesidad de contar con un organismo central que asumiera el asesoramiento técnico y jurídico del mismo y de las reparticiones centralizadas.

Formalmente este departamento fue creado, a través del decreto-acuerdo N° 3.862, del 18 de julio de 1967, que fijó, además, la dependencia funcional de la Subsecretaría de Obras Públicas y orgánica por medio de la Subsecretaría de Servicios Públicos.

Según el mismo decreto, al Departamento Técnico-Jurídico le correspondía:

- Planeamiento, coordinación, fiscalización y contralor de las concesiones técnicas.
- Promoción, adaptación y perfeccionamiento de legislación sobre obras públicas y concesiones técnicas.
- Estudio y determinación de los precios unitarios, para la confección de las planillas analíticas de costos.

Las funciones que cumple en la actualidad este departamento son específicamente las siguientes:

- Asesoramiento directo al ministro sobre los temas que requiera.
- Estudio de problemas particulares o generales que las subsecretarías del ministerio propusieran.
- Asesoramiento jurídico sobre problemas específicos a todas las reparticiones centralizadas del ministerio.
- Estudio y formulación de anteproyectos de leyes y decretos que hacen a la esfera de competencia del ministerio.
- Estudio de los anteproyectos de leyes enviados a su consulta por otros ministerios.
- Desarrollo y preparación de los planes para definir criterios a nivel superior y su aplicación en las áreas correspondientes.
- Recopilación y estudio de la información legal, técnica, económica y política, que se relacione con la órbita de influencia del ministerio, para conocimiento y asesoramiento del ministro.
- Representación del ministerio ante los organismos interministeriales no específicos de las reparticiones.
- Estudio y control de las concesiones relacionadas con la órbita del Ministerio.

- Redacción de la Memoria Anual del ministerio.
- Conducción de las siguientes oficinas: Costos, Sala de Copias y Movilidad.
- Coordinación de tareas en trabajos que cubran áreas simultáneas de dos o más reparticiones.

El Departamento Técnico-Jurídico quedó integrado en su totalidad por profesionales especializados en los problemas técnicos y legales que hacen a la labor y competencia del ministerio.

En cuanto a la organización interna, el departamento cuenta con un profesional coordinador de las actividades encomendadas. No obstante, los profesionales integrantes de esta repartición deben elevar directamente los trabajos encargados al ministro o a los subsecretarios.

18.- DIRECCIÓN DE ARQUITECTURA Y PLANEAMIENTO

Esta repartición tiene una antigüedad de más de sesenta años de funcionamiento dentro de la provincia.

Haciendo una breve reseña histórica de la misma, en el año 1908 y por la ley de Presupuesto para ese año N°435, apareció por primera vez la SECCIÓN ARQUITECTURA. Denominación que continuó hasta el año 1935, bajo la dependencia de la Dirección General de Obras Públicas, del Ministerio de Industria y Obras Públicas.

Durante el año 1936, y por la ley de Presupuesto N° 1.193, se elevó esta repartición al rango de DIRECCIÓN DE ARQUITECTURA, hasta el año 1953, dependiendo del Ministerio de Economía, Obras Públicas y Riego.

En 1954 la Dirección de Arquitectura fue absorbida por la DIRECCIÓN DE PLANIFICACIÓN, dependiente de la Secretaría Técnica de la Gobernación.

Mediante la ley N° 2.368, de Presupuesto del ejercicio para el año 1956, se legalizó este organismo como DIRECCIÓN DE ARQUITECTURA Y URBANISMO, como una repartición centralizada y dependiente del Ministerio de Economía, Obras Públicas y Riego.

Durante el gobierno de José E. Blanco, se emitió el decreto N° 3.024, el 7 de junio de 1967, donde se establecen las funciones principales que debía cumplir el DEPARTAMENTO DE PLANEAMIENTO FÍSICO DE LA PROVINCIA, dependiente de la Dirección de Arquitectura y Planeamiento:

"Estudiar y evaluar los problemas y ponencias, con todos los antecedentes que obren en su poder, con opinión de los ministerios correspondientes, y remitir conclusiones del estudio que realice a la Comisión Interministerial de Planeamiento".

Con el fin de realizar en forma efectiva el estudio del planeamiento físico de la provincia, se crearon por el mismo decreto cuatro COMISIONES ASESORAS, que funcionaron en los distintos sectores, que abarcaron los siguientes departamentos de la provincia:

SECTOR I: Capital, Godoy Cruz, Guaymallén, Las Heras, Luján y Maipú.
SECTOR II: Lavalle, San Martín, Santa Rosa, La Paz, Rivadavia y Junín.
SECTOR III: San Carlos, Tupungato y Tunuyán.
SECTOR IV: San Rafael, General Alvear y Malargüe.

Posteriormente, el 18 de julio de 1967, el gobernador en acuerdo de ministros, emitió el decreto-acuerdo N° 3.862, por el cual se reglamentan las funciones de la Dirección de Arquitectura y Planeamiento, dependiente de la Subsecretaría de Obras Públicas del Ministerio de Obras y Servicios Públicos.

Por el mismo decreto también se revoca implícitamente la resolución N° 8, del mes de julio de 1963, que creaba la DIVISIÓN DE CONSERVACIÓN, cuyas funciones ejecutivas fueron absorbidas, en adelante, por la nueva DIRECCIÓN DE CONSTRUCCIONES.

Los objetivos generales de la Dirección de Arquitectura y Planeamiento fueron clara y legalmente asignados por medio del Poder Ejecutivo Provincial.

En materia de arquitectura (a través del Decreto-acuerdo N° 3862/67), le corresponde:

a) Estudio, proyecto, coordinación, ejecución, conservación y mejoramiento de las obras arquitectónicas para y en, edificios fiscales, en todo el territorio de la provincia

b) Estudios y trabajos de planeamiento físico de la obra pública.

En materia de planeamiento (por el decreto N° 3.024/67), tiene a su cargo la organización y secretariado permanente de las comisiones asesoras del Planeamiento Físico de la Provincia; también el estudio de antecedentes, ponencias y conclusiones de problemas y programas para su evaluación y elevación a la Comisión Interministerial de Planeamiento, en todo lo concerniente a la promoción, orientación, coordinación, fomento y desarrollo de las obras y servicios públicos del gobierno.

Las funciones concretas que esta repartición realiza en materia de arquitectura son:

- Programación, proyecto, licitación e inspección de la ejecución de obras y ampliación de edificios y otros, en inmuebles provinciales, de acuerdo con los siguientes rubros, dentro del Plan Anual de Obras Públicas: educación, cultura, turismo, previsión, salud pública y edificios públicos.

Para todos estos rubros la Dirección de Arquitectura y Planeamiento se encarga de:

- Consideración de las prioridades recomendadas por el organismo comitente correspondiente.
- Estudio de las necesidades y posibilidades de la obra y redacción de los programas.
- Búsqueda, selección, mensura planimétrica y relevamiento técnico y urbanístico de terrenos.
- Anteproyecto y antepresupuesto, proyectos, planos de construcción y de instalaciones, cómputo métrico y presupuesto, pliegos técnicos y legales.
- Licitación pública o concurso privado de precios.
- Adjudicación y contratación ad-referéndum del Poder Ejecutivo.
- Inspección de la ejecución y recepción provisional y definitiva de los trabajos; entrega de la obra al organismo comitente.
- Certificación mensual y final de los trabajos ejecutados por el contratista, para su pago por Contaduría General de la Provincia y certificación para mayores costos legalmente reconocidos.

En lo que corresponde a Planeamiento, esta repartición se encarga concretamente de la ejecución del planeamiento físico de la provincia y para el cumplimiento de esta función tiene en cuenta los siguientes aspectos:

- Las orientaciones generales y las políticas especiales del gobierno de la Provincia.
- Los planeamientos y programas de acción de los ministerios y municipios.
- Las sugerencias del sector privado, que oficialmente se reciben por intermedio de las Comisiones Asesoras.

Además del cumplimiento de estas funciones específicas, la Dirección de Arquitectura y Planeamiento, colabora también en las tareas del gobierno de la Provincia, mediante:

- Dictámenes sobre problemas urbanísticos y arquitectónicos, en contestación a consultas de ministerios o municipalidades.
- Proyecto y asesoramiento en leyes y convenios, en materias afines a sus funciones.
- Integración de comisiones ministeriales e interministeriales.

Para organizar su mejor funcionamiento, la Dirección de Arquitectura y Planeamiento cuenta con cuatro DEPARTAMENTOS de:

- Proyectos.
- Ingeniería.
- Inspección.
- Planeamiento.

El 11 de enero de 1984, el gobernador Santiago F. Llaver, por el decreto N° 83, reglamentó algunas funciones, que debía cumplir la dirección.

Se estableció en el citado decreto que en todas las actuaciones que se promuevan a efectos de refaccionar, ampliar, adecuar, modificar o transformar los edificios públicos de la Provincia, sus organismos y/o reparticiones centralizadas, descentralizadas o autárquicas, se deberá dar intervención a la Dirección de Arquitectura y Planeamiento.

Esta repartición realizará el estudio de la necesidad denunciada, debiendo pronunciarse al respecto, emitiendo los dictámenes pertinentes, para proponer su solución dentro del plazo que establezca en cada caso concreto el Ministerio de Obras y Servicios Públicos.

Tiene además competencia exclusiva en la proposición de los medios técnico-constructivos adecuados, sin menoscabo de los requerimientos estéticos y funcionales de las obras.

Previo a la iniciación de las obras, se determinará si la Dirección de Arquitectura y Planeamiento estará a cargo de la obra a realizarse o efectuará solamente el contralor de la misma. En ambos casos, deberá avalar los proyectos y documentación y realizar y/o supervisar la licitación y controlar la dirección de los trabajos.

El 29 de mayo de 1987, por el decreto N°1.634, se creó la DIRECCIÓN DE PLANEAMIENTO FÍSICO Y AMBIENTAL y además se modificó la denominación de la Dirección de Arquitectura y Planeamiento y de su Departamento de Planeamiento Físico, los que en adelante se denominaron DIRECCIÓN DE ARQUITECTURA Y URBANISMO Y DEPARTAMENTO DE URBANISMO Y PAISAJE, sin alterar el resto de su dependencia orgánica ni de sus funciones.

19.- DIRECCIÓN DE COMUNICACIONES

El gobernador de la Provincia brigadier Rolando J. Ghisani llevó a cabo la creación, mediante el decreto-ley N° 4.541, del 30 de marzo de 1981, de la DIRECCIÓN DE COMUNICACIONES DE LA PROVINCIA, como una repartición descentralizada del Ministerio de Obras y Servicios Públicos y bajo la dependencia orgánica y funcional de la Subsecretaría de Servicios Públicos.

Por dicha ley, se transfirieron a la Dirección de Comunicaciones de la

Provincia todos los bienes, derechos y obligaciones que correspondían hasta el presente al DEPARTAMENTO DE COMUNICACIONES del Ministerio de Obras y Servicios Públicos.

La Dirección de Comunicaciones tiene a su cargo el cumplimiento de las siguientes funciones:

- Intervenir en todo lo relacionado con la instalación, mantenimiento, funcionamiento y utilización de los sistemas de comunicación, de propiedad de la Provincia y su vinculación con los de otras provincias u organismos nacionales, excepto la Red de Presidencia de la Nación y Gobernadores de Provincia.

- Intervenir en todo lo relacionado con la integración de las comunicaciones provinciales al servicio nacional e internacional y colaborar con la Secretaría de Comunicaciones de la Nación.

- Impartir instrucciones sobre normas de funcionamiento y empleo de los sistemas de comunicación de propiedad provincial, con el objeto de lograr unidad de criterio en su aplicación, uniformidad de las formas operativas y coordinación de su funcionamiento.

- Supervisar todos los sistemas de comunicación de propiedad del Estado provincial. Intervenir y asesorar a los entes del Estado provincial en toda obra, instalación y adquisición de material e instrumental referente a comunicaciones.

- Intervenir en los estudios, proyectos, instalaciones y acciones de fomento de las comunicaciones, que se realicen en el ámbito de la Provincia.

- Ejercer el poder de policía en todo lo referente a comunicaciones siempre y cuando sean de jurisdicción y competencia provincial.

- Representar a la Provincia en sus relaciones con los distintos organismos y entes nacionales y provinciales.

- Coordinar con la CAT, ENTEL y otras empresas la complementación y compatibilización de los servicios y sistemas.

- Promover el desarrollo de las comunicaciones en la provincia.

- Proponer al Poder Ejecutivo las tarifas de los servicios de comunicación de su incumbencia.

- Celebrar ad referéndum del Poder Ejecutivo convenios con entidades prestatarias de servicios de comunicación, tendientes a compartir redes, equipos y sistemas.

La Dirección de Comunicaciones está a cargo de un director, designado por el Poder Ejecutivo. Consta también de una Jefatura Técnica que está a cargo de un jefe técnico, quien es responsable de todos los aspectos técnicos de las funciones que se atribuyen a la dirección.

Existe además un Consejo Técnico, integrado por el director, el jefe técnico y los jefes de departamento de la repartición.

El consejo actúa como un cuerpo honorario, debiendo expedirse y prestar apoyo en todos los problemas de orden técnico que se sometan a su consideración.

El decreto N° 2.301/1992 encomendó a la Dirección de Comunicaciones el control, seguimiento y fiscalización del cumplimiento de las obligaciones asumidas por Telefónica de Argentina S.A., la Compañía Argentina de Teléfonos S.A. y de las contraídas por la Compañía Ericsson S.A.I.C., en su carácter de garante según el convenio celebrado con la Provincia el 1de abril de 1992.

La Dirección de Comunicaciones quedó facultada para solicitar informes, aclaraciones, datos y realizar cuantas más actividades fueran necesarias.

20.- DIRECCIÓN DE CONSTRUCCIONES

El decreto N° 2.385, del 3 de diciembre de 1949, estableció la creación de la OFICINA DE COORDINACIÓN DE OBRAS PÚBLICAS MUNICIPALES, dependiente del Ministerio de Economía, Obras Públicas y Riego.

A cargo de esta oficina estaban las tareas relativas al levantamiento de los catastros necesarios para las obras, estudios, proyectos, licitaciones y contrataciones de dichas obras; liquidaciones y certificaciones de pavimentos, como también la determinación de las expropiaciones que resultaren necesarias y las obras complementarias consiguientes.

Posteriormente por el Decreto-acuerdo N° 424, del 2 de febrero de 1961, se modificó la denominación de la Oficina de Coordinación de Obras Públicas Municipales, la que en adelante se denominó DIRECCIÓN PROVINCIAL DE PAVIMENTACIÓN URBANA, y estaba a cargo del cumplimiento de las siguientes funciones:

a) Administrar, construir y dirigir obras de pavimentación urbana en el territorio de la provincia.

b) Administrar los fondos que se destinen para el estudio, trazado, construcción, mejoramiento, conservación, reparación y reconstrucción de pavimentos urbanos y obras anexas.

c) Preparar y someter a la aprobación del Poder Ejecutivo los planes generales y periódicos para la inversión de los fondos que se destinen.

La Oficina de Coordinación de Obras Públicas Municipales fue creada como un ente de enlace entre el gobierno central de la Provincia y las municipalidades, a los efectos del asesoramiento técnico necesario para la realización de la obra pública municipal.

Posteriormente, en virtud de la necesidad de los municipios y entidades vecinales de la obra de pavimentación y teniendo en cuenta las facilidades de financiación que existían en el momento, debido a la liberalidad en el otorgamiento de préstamos por parte de las instituciones bancarias, se aprobó un régimen de obra por «cuenta de terceros».

Por medio de este régimen, la repartición tomó a su cargo el estudio de las obras. El sistema de pavimentación así creado tuvo gran éxito y fue motivo de la implantación de otros sistemas similares, en distintos lugares del país.

Por esta razón es que a partir del año 1961 se cambió la denominación de la repartición como DIRECCIÓN PROVINCIAL DE PAVIMENTACIÓN URBANA, teniendo a su cargo el estudio, proyecto y construcción de pavimentos en los centros urbanos departamentales, previo convenio con las autoridades comunales.

Por último, en el año 1966, el estado provincial teniendo en cuenta la necesidad de contar con un organismo ágil que pudiera hacerse cargo de aquellas obras que por su naturaleza es imposible licitar y que pueden ser llevadas a cabo por el régimen de administración, como también, la conservación de edificios fiscales, por la ley de Presupuesto N° 3.306, cambió nuevamente la denominación de esta dirección por la de DIRECCIÓN PROVINCIAL DE CONSTRUCCIONES, a la cual se le encomendó la ejecución de estas tareas.

Para la creación de la Dirección de Construcciones, se tomó como base la Dirección Provincial de Pavimentación Urbana, en razón de ser el organismo que contaba con personal y equipo propio indispensable para realizar las obras de administración.

La "obra por administración" se lleva a cabo en aquellos casos, en que los trabajos a realizar son de difícil apreciación previa para ser licitados y posteriormente contratados. Casos concretos son las refacciones de instalaciones sanitarias, eléctricas, de calefacción, reparación de albañilería, carpintería, techos y toda otra obra concerniente al mantenimiento de edificios.

Otra de las funciones dadas a esta dirección es la referente al catastro e inspección permanente de los locales fiscales provinciales, de manera tal que pueda tenerse actualizado todo lo referente a su conservación y necesidades, surgiendo de ello las prioridades de obra, teniendo además la supervisión de las maestranzas de los distintos ministerios y organismos centralizados.

A partir de 1967, frente a la necesidad de contar con personal técnico y una organización adecuada para el mantenimiento del edificio del Palacio de Gobierno y de la Legislatura, se le asignaron a esta repartición las tareas inherentes a la Intendencia Técnica de los citados inmuebles.

A partir del 1 de febrero de 1967, con la sanción de la ley N° 3.308, la estructura interna de la Dirección de Construcciones, quedó constituida por tres DEPARTAMENTOS.

DEPARTAMENTO DE PAVIMENTACIÓN: tiene a su cargo la gestión con los municipios en lo relacionado a convenios, estudios, proyectos, catastrosa, liquidaciones, financiación y construcción de pavimentos en los centros urbanos.

DEPARTAMENTO DE MANTENIMIENTO: tiene como funciones la inspección y proyecto de obras en lo que se refiere a refacciones y ampliaciones en edificios fiscales; la estadística sobre el estado, necesidades y prioridades de los mismos.

DEPARTAMENTO DE CONSTRUCCIONES: su misión es la ejecución de las obras ya aprobadas para la refacción o ampliación de edificios públicos.

Además de estos tres departamentos, forma parte del esquema de la repartición: la Intendencia Técnica (que se encarga del mantenimiento del edificio del Palacio de Gobierno y H. Legislatura).

El 18 de julio de 1967, el decreto-acuerdo N° 3.862 estableció en su artículo 14 que correspondía a la Dirección de Construcciones:

a) Estudio, proyecto, coordinación, ejecución, conservación y mejoramiento de las obras de pavimentación urbana y de infraestructuras urbanas y rurales que se realicen por administración.

b) Para realizar el mantenimiento de los edificios fiscales, ejercerá la intendencia en el Palacio de Gobierno y la supervisión técnica sobre las maestranzas en los distintos ministerios, fijando normas y directivas, a cuyo efecto las diferentes reparticiones estatales prestarán su colaboración, para el mejor cumplimiento de estos fines.

21.- DIRECCIÓN DE GEODESIA Y CATASTRO

Esta repartición nace por el decreto N° 676, del año 1949, dependiente del Ministerio de Economía, Obras Públicas y Riego, con la denominación de DIRECCIÓN DE CATASTRO Y LIQUIDACIONES.

A partir del año 1952 y de acuerdo con la promulgación de la ley de Ministerios N° 2.115, sin cambiar su estructura y objetivos, pasó a depender del Ministerio de Hacienda.

La creación de la Dirección de Castastro y Liquidaciones tuvo como objeto:

a) Realizar las liquidaciones de reembolsos de caminos rurales, pavimentaciones urbanas, obras hidráulicas, desagües, etcétera, construídos en el territorio de la provincia, en cumplimiento de leyes permanentes o especiales.

b) Realizar y utilizar catastros parciales de obras e ir confeccionando el catastro parcelario de las zonas cultivadas.

c) Llevar a cabo el control y archivo de mensuras particulares, en base a las «Instrucciones Generales para Agrimensores», según el decreto N° 1.252/1944.

Posteriormente, con la promulgación de la ley N° 2.422 de Loteos y su decreto reglamentario N° 2.730, del año 1955, esta dirección tiene poder para intervenir en el control de la subdivisión de la tierra, en los aspectos determinados por la citada ley.

Durante el año 1960, y teniendo en cuenta que un catastro elaborado en forma rudimentaria ocasionaba innumerables problemas de orden técnico y legal, facilitando asimismo la evasión fiscal, se contrató, de conformidad con la autorización contenida por el artículo 3 del decreto N° 3.228/1960, la realización de los trabajos del Catastro Geométrico Parcelario, de la parte cultivada existente en la provincia.

En el año 1967, por la ley Orgánica de Ministerios N° 3.489, las funciones de esta dirección pasaron a depender del nuevo Ministerio de Obras y Servicios Públicos, con la denominación de DIRECCIÓN DE GEODESIA Y CATASTRO.

Por el artículo 20° de la citada ley, se estipuló que correspondía a dicho Ministerio, realizar los estudios y trabajos de geodesia, topografía y catastro.

Este cambio de dependencia amplió las posibilidades de aplicación del catastro parcelario, posibilitando en mayor grado la colaboración y gravitación de la repartición en la elaboración de proyectos de obras públicas. Además esta dirección debió canalizar y racionalizar las labores destinadas a prestar apoyo fotográfico y geodésico-topográfico para los estudios de obras públicas encarados por las distintas reparticiones centralizadas y descentralizadas dependientes del ministerio.

La Dirección de Geodesia y Catastro quedó integrada por cuatro Departamentos:

- Departamento de Cartografía y Fotogrametría.
- Departamento de Geodesia y Topografía.
- Departamento de Catastro Urbano y Actualización.
- Departamento de Control de Mensuras Privadas.

Concluido el trabajo aerofotogramétrico, contratado por la repartición, ésta se encuentra abocada a realizar:

a) La actualización del Catastro Geométrico Parcelario.
b) Puesta en marcha del régimen catastral.
c) Adaptación y ampliación del Departamento de Geodesia y Topografía, a los efectos de:

- Posibilitar la confección del mapa de la provincia y las cartas topográficas, que permitieron obtener un acabado conocimiento del territorio, con fines de ordenamiento político-administrativo y de soporte de la información económica, global y sectorial, cuya concreción gráfica fue plasmada en cartas temáticas.

- Ejecutar los trabajos de mensura de la tierra fiscal y la determinación de los elementos que permitan la más ajustada tasación de los fundos afectados a expropiación, con fines de utilidad pública, contribuyendo al saneamiento de los registros respectivos y a una equitativa fijación de las indemnizaciones.

- Realizar los trabajos topográficos de envergadura necesarios para la elaboración de proyectos de obras públicas, evitando así la dispersión o superposición de esfuerzos y asegurando su idoneidad, dada la especialidad de la repartición.

En enero de 1977, se aprobó la ley N° 4.131, por la cual se creócomo una repartición centralizada, dependiente del Ministerio de Hacienda, la DIRECCIÓN PROVINCIAL DE CATASTRO, con la función de ser el organismo responsable del catastro territorial y el ejercicio del poder de policía inmobiliaria catastral.

22.- DIRECCIÓN DE OBRAS HIDRÁULICAS

La Dirección de Obras Hidráulicas es una repartición centralizada, dependiente del Ministerio de Obras y Servicios Públicos, por medio de la Subsecretaría de Obras Públicas, por la ley de Ministerios N° 3.489 y la ley de Presupuesto N° 3.488.

Su estructuración interna y funcionamiento están dados por el decreto-acuerdo N°3.862/1967, donde se establece que corresponde a la Dirección de Obras Hidráulicas:

- Estudio, proyecto, coordinación, ejecución, conservación y mejoramiento de las obras hidráulicas e hidroeléctricas.
- Estudio, proyecto, coordinación, ejecución, conservación y mejoramiento de las obras de defensas aluvionales.
- Estudios y trabajos de hidrología, hidrogeología y geotécnicos.

Los antecedentes de creación de esta dirección, están dados a lo largo del tiempo, a través del funcionamiento de distintos organismos, como por ejemplo:

a) **DIRECCIÓN DE IRRIGACION DE LA NACIÓN:** organismo que tenía a su cargo la ejecución de obras de envergadura de riego e hidroeléctricas.

b) DIRECCIÓN DE OBRAS HIDRÁULICAS E HIDROELÉCTRICAS DE LA PROVINCIA DE MENDOZA: esta repartición nació con el fin de encarar dentro de la provincia, la construcción de obras mayores de riego e hidroeléctricas, dependiente del Departamento General de Irrigación.

c) COMISIÓN DE DESAGÜE: organismo encargado de ejecutar el saneamiento de importantes zonas de riego en la provincia.

d) COMISIÓN DE DEFENSA CONTRA ALUVIONES: creado por el decreto-acuerdo N° 18, del 2 de enero de 1960, a raíz de los grandes aluviones sufridos en la provincia durante los días 30 y 31 de diciembre de 1959.

Esta Comisión estaba integrada por los ministros de Gobierno; Hacienda; Economía, Obras Públicas y Riego, y de Asistencia; los intendentes municipales de Capital y Las Heras; por el director de Vialidad Provincial, director del Departamento General de Irrigación y gerente del Instituto Provincial de la Vivienda.

La Comisión nombrada disponía de la realización de todos los estudios y trabajos necesarios, para solucionar en forma definitiva el problema de los aluviones, que amenazaban al Gran Mendoza y Departamentos vecinos.

e) DIRECCIÓN DE DEFENSA CONTRA ALUVIONES: este organismo absorbió en su creación la tarea de la anterior comisión, mediante la ley N° 2.797, del 23 de enero de 1961, y se encomendó al Departamento General de Irrigación su organización técnica, funcional y administrativa, del cual dependía jerárquicamente.

El Departamento General de Irrigación quedó facultado para la designación y remoción de personal técnico y administrativo necesario para su funcionamiento y para efectuar contrataciones, licitaciones y adquisiciones.

La Dirección de Defensa contra Aluviones tenía jurisdicción sobre las obras de defensa contra aluviones, existentes en todos lo cauces aluvionales, que afectaban las zonas de cultivo, poblaciones, obras públicas, ubicadas en terrenos de dominio público o privado de la provincia.

Ejercía también el Poder de Policía sobre los cauces aluvionales y obras existentes o en construcción.

La dirección tenía a su cargo el cumplimiento de las siguientes funciones:

- Estudios, proyectos y construcción de obras destinadas al encauzamiento de las aguas pluviales.
- Conservación y mejoramiento de las obras existentes.
- Estudios meteorológicos en las cuencas de los cauces aluvionales, con

el objeto de lograr un mayor conocimiento de las mismas para el proyecto de las señaladas en el inciso a).

- La dirección quedó autorizada para el mejor logro de su cometido a realizar convenios con otras reparticiones provinciales, municipales o nacionales.

- Ejercer el poder de policía sobre los cauces aluvionales y obras existentes y en construcción, para lo cual podía requerir el auxilio de la fuerza pública.

Por la ley N° 3.308, del 11 de noviembre de 1965, la Dirección de Defensa contra Aluviones pasó a ser una repartición centralizada dependiente del Ministerio de Obras y Servicios Públicos y debía ajustar su accionar según la reglamentación de la ley Orgánica de Obras Públicas en vigencia.

f) COMISION DE ESTUDIO Y APROVECHAMIENTO HIDROELECTRICO: fue creada por medio del decreto N° 198, del 21 de enero de 1966, como un organismo dependiente de la Dirección de Obras Hidráulicas, y dentro de la órbita del Ministerio de Obras y Servicios Públicos.

La creación de este organismo respondió a la necesidad de contar, dentro de la provincia, con un ente específico a quien encomendar la función de dar término, y/o actualizar los estudios existentes sobre aprovechamientos hidroeléctricos, como también la preparación de los proyectos de obras similares que permitieran lograr una solución paulatina del déficit energético, que de manera fundamental incide sobre el desarrollo de las industrias básicas.

La necesidad de programar la sistematización de las obras de riego, de hidroelectricidad, de defensas aluvionales y el aprovechamiento de los recursos de las aguas subterráneas, en forma integral y coordinada, se marcó como tópico ineludible para la creación de esta repartición.

La Provincia de Mendoza había encarado, no obstante, en forma permanente y con especial prioridad, la ejecución de la infraestructura hidráulica de su territorio, mediante un programa de inversiones establecido por la ley N° 2.541 y su correspondiente decreto, que establece anualmente el plan a ejecutar.

La Dirección de Obras Hidráulicas concreta, en consecuencia, sus fines desde un punto de vista más general que el solo aprovechamiento del riego con aguas superficiales, teniendo como objetivo el uso múltiple del recurso hídrico, en sus aspectos más importantes: riego, energía, aguas subterráneas y defensas aluvionales.

Esta repartición, desde su creación, estuvo dotada de una organización ágil y del personal mínimo y necesario para cumplir con sus objetivos.

Internamente estaba compuesta por cinco Departamentos Técnicos:

a) Aprovechamiento Hidráulico.
b) Aprovechamiento Hidroeléctrico.

c) Geotecnia.
d) Defensa Aluvional y Cómputos
e) Presupuestos y Certificaciones.

Atendiendo a los aspectos fundamentales de los usos y efectos del agua, la tarea de la Dirección de Obras Hidráulicas abarcó los siguientes temas:

a) Aprovechamiento de riego

El Departamento de Aprovechamiento Hidráulico tiene como objetivo el estudio, proyecto, dirección, ejecución y/o control de:

- Las obras destinadas a sistematizar y unificar las derivaciones del agua de los ríos.
- Disminución de las pérdidas de agua por evaporación e infiltración en cauces naturales y artificiales, con el fin de mejorar los servicios existentes o ampliarlos.
- Obras de embalse para regulación de caudales en ríos y arroyos.

b) Aprovechamiento hidroeléctrico

El Departamento de Aprovechamiento Hidroenergético de la Dirección de Obras Hidráulicas, coordina su labor con los proyectos del departamento que atiende el riego y con la Dirección Provincial de Energía, encarando el estudio, proyecto, dirección y control de la ejecución de la obra hidroeléctrica; compatibilizándose así el uso del riego y energía.

Realiza además estudios de aprovechamientos hidroeléctricos independientes, en aquellas zonas en que no se producen interferencias de uso.

c) Aprovechamiento de aguas subterráneas

El Departamento de Geotecnia tiene a su cargo estudiar la existencia de recursos hídricos en distintas zonas de la provincia, con miras a obtener el catastro integral de las posibilidades de uso de estas aguas.

Además realiza este departamento los apoyos geológicos necesarios para todas aquellas obras que los requieran.

Complementa su tarea de investigación con una labor de innegable utilidad, tal como es el alumbramiento del agua mediante perforaciones para el abastecimiento inmediato a apartados núcleos de poblaciones que carecen de ese recurso apoyando el plan desarrollado por la Dirección de Obras y Servicios Sanitarios.

d) Defensa aluvional y corrección de torrentes

En la Provincia de Mendoza, numerosos centros urbanos y zonas de regadío, se encuentran emplazados en las cercanías de la cordillera y precordillera de los Andes.

En las épocas de lluvias, durante el verano, con características de fuerte intensidad y corta duración, las aguas provenientes de las cuencas de derrame se dirigen hacia estos centros urbanos y zonas de cultivo, produciendo importantes pérdidas y colocando en situación de peligro la seguridad de la población.

El Departamento de Defensa Aluvional tuvo como misión:

a) Conservar y mejorar las obras de defensa existentes.

b) Estudio, proyecto, dirección y ejecución de nuevas obras que dieran solución al problema.

c) Coordinar el crecimiento de los núcleos urbanos en zonas con peligros aluvionales.

d) Control de la explotación de ripieras en los cauces aluvionales de la provincia.

23.- DIRECCIÓN DE OBRAS Y SERVICIOS SANITARIOS

Por decreto N° 199, del 21 de enero de 1966, se encomendó a la Dirección Provincial de Energía la realización de las tareas que derivaron del convenio y se aprobó el presupuesto de gastos correspondiente para la puesta en marcha del Plan Nacional de Agua Potable y Saneamiento Rural.

La Dirección Provincial de Energía creó bajo su dependencia un organismo llamado SERVICIO PROVINCIAL DE AGUA POTABLE, que al principio tuvo a su cargo la ejecución del plan.

Ante el incremento de los trabajos y contemplando la posibilidad de continuar, por cuenta de la provincia, la ejecución de otras obras sanitarias, además de las que se preveía realizar mediante el Plan de Agua Potable y Saneamiento Rural se dispuso por parte del gobierno de la Provincia, la creación de la DIRECCIÓN DE OBRAS Y SERVICIOS SANITARIOS, como un organismo centralizado, en cumplimiento del Programa de Ordenamiento y Transformación para el año 1967.

El funcionamiento como repartición de esta Dirección se inició el 1 de marzo de 1967.

Esta dirección tuvo competencia en todo lo atinente a obras relacionadas con el desarrollo del Plan Nacional de Agua Potable y Saneamiento Rural en Mendoza y del convenio respectivo. De esta forma, se transfirieron a la Dirección de Obras y Servicios Sanitarios, por parte de la Dirección Provincial de

Energía, los fondos afectados al plan, como también parte de los antecedentes, documentación y demás elementos, bienes y materiales adquiridos a tal fin.

Debía específicamente:

- Prestar el servicio de agua potable y cloacas en el ámbito de la Provincia, sea por sí misma o mediante la creación de entes comunitarios controlados por esta dirección.
- Estudiar la factibilidad de acogerse a los beneficios de la ley Orgánica de Obras Sanitarias de la Nación y de la ley N° 16.660, sobre la recuperación, por parte de la Provincia, de las obras construidas por aquélla, dejando a Obras Sanitarias de la Nación la función de construir las grandes obras básicas, como objetivo a largo plazo.

La Dirección de Obras y Servicios Sanitarios careció de una ley orgánica o de creación, que rigiera su funcionamiento.

En materia de obras y servicios sanitarios, las leyes de Presupuesto General de la Provincia le adjudicaron los fondos destinados a intervenir en tales obras.

El 3 de noviembre de 1965, el gobernador Francisco Gabrielli aprobó por el decreto N° 4.398 el convenio celebrado el 31 de agosto del mismo año, relacionado con la provisión de agua potable para núcleos de poblaciones rurales de cien a tres mil habitantes en el territorio de la provincia.

El convenio fue firmado entre el ministro de Asistencia Social y Salud Pública de la Nación y el gobernador de la Provincia.

Por medio de dicho convenio, se creó el SERVICIO NACIONAL DE AGUA POTABLE Y SANEAMIENTO RURAL (SNAP), y se reglamentaron sus funciones.

Por el decreto N° 3.883/1967 se encomendó a la Dirección de Obras y Servicios Sanitarios el cumplimiento de las tareas inherentes al Plan Provincial de Agua Potable y Rural, de acuerdo con el convenio antes mencionado.

La estructura, el funcionamiento y la relaciones de la direccion con el Ministerio de Obras y Servicios Públicos se establecieron por el decreto N° 3.862, del 18 de julio de 1967.

Fue competencia de la dirección:

- Estudio, proyecto, coordinación, ejecución, conservación y mejoramiento de las obras sanitarias.
- Planeamiento, coordinación, fiscalización, contralor y prestación de los servicios de saneamiento urbano y rural.

Pueden resumirse las tareas que desempeñó en cuatro grupos, delineados por su régimen legal y por la procedencia de los fondos con que se financiaron:

1) Ejecución de los trabajos previstos en el Plan de Obras Públicas de la Provincia.

2) Prestación de los servicios existentes en propiedad de la Provincia y de los que se construyan, según el punto anterior.

3) Ejecución de las obras financiadas en forma conjunta por el Plan Nacional de Agua Potable y Rural, la Provincia y la comunidad beneficiada, así como la posterior supervisión que se establezca por el plan.

4) Supervisión y control de obras por ejecutadas por cuenta de terceros.

Como repartición centralizada dependiente del Ministerio de Obras y Servicios Públicos, y de acuerdo con el organigrama aprobado por la repartición, estaba organizada por una dirección de la cual dependían dos departamentos:

- Departamento Técnico.
- Departamento Administrativo.

Esta organización derivó en una departamentalización horizontal, de acuerdo con el siguiente esquema:

DIRECTOR

JEFE TÉCNICO

- Departamento de Promoción.
- Departamento de Proyectos.
- Departamento de Construcción.
- Departamento de Mantenimiento.
- Departamento Contable.
- Departamento Administrativo.
- Departamento de Certificaciones.

El 7 de noviembre de 1980 el gobernador de la Provincia, Brig. (R) Rolando J. Ghisani, sancionó y promulgó la ley N° 4.479, de creación de OBRAS SANITARIAS MENDOZA S.E., con sujeción al régimen de la ley nacional N° 20.705 y disposiciones de la ley nacional N° 19.550 que les fueran aplicables.

La nueva empresa empresa del Estado se encarga de la prestación, administración y control de los servicios de provisión de agua potable, desagües cloacales e industriales en la provincia.

También tomó a su cargo la explotación que se encontraba a cargo de Obras Sanitarias de la Nación y de la Dirección de Obras y Servicios Sanitarios de la Provincia, una vez operada su transferencia definitiva a favor de esta sociedad, así como las funciones que le sean encomendadas por disposiciones especiales o mediante convenios a celebrarse con municipalidades, consorcios y asociaciones de usuarios.

La sociedad ejerce además funciones de policía sanitaria en todo lo referente al servicio público a su cargo, como también en materia de prevención y control de contaminación de las aguas superficiales y subterráneas destinadas a fuente de aprovisionamiento.

En la misma ley se estipuló como obligatorio el uso de los servicios de provisión de agua potable y desagües cloacales e industriales para toda actividad e inmueble, comprendido dentro del radio a que se extiendan las obras o instalaciones de cada uno de los conglomerados urbanos o comunidades.

24.- DIRECCIÓN DE PLANEAMIENTO FÍSICO Y AMBIENTAL

El Gobernador Santiago F. Llaver, el 29 de mayo de 1987, por el decreto N° 1.634 dispuso la creación de la DIRECCIÓN DE PLANEAMIENTO FISÍCO Y AMBIENTAL, bajo la dependencia jerárquica del Ministerio de Obras y Servicios Públicos.

La dirección tiene a su cargo las tareas de programación o planificación que realicen los sectores de planeamiento de cada ministerio.

También se encarga de planificar, programar, coordinar y evaluar todas las acciones físicas, que se realicen en la provincia, entendiéndose por tales las obras públicas a ejecutar y servicios públicos a prestar por el Gobierno.

Los estudios, proyectos, documentación cartográfica, demás instrumentos y conclusiones a las que se arriben quedarán a disposición de todos los organismos públicos interesados.

Con la sanción de la ley Orgánica de Ministerios N° 5.487/1989 nació el Ministerio de Medio Ambiente, Urbanismo y Vivienda, al cual se transfirió la Dirección de Planeamiento Físico y Ambiental, bajo la nueva denominación de DIRECCIÓN DE ORDENAMIENTO AMBIENTAL Y DESARROLLO URBANO.

25.- DIRECCIÓN DE TRÁNSITO DE LA POLICÍA

Con la sanción de la ley N° 4.305, en diciembre de 1978 de Tránsito y

Transporte, se estableció que el cumplimiento y aplicación de la misma quedaban a cargo de la DIRECCIÓN DE TRÁNSITO DE LA POLICÍA DE MENDOZA, dependiente de la Jefatura de Policía y de la DIRECCION DE TRANSPORTE, que funcionaría en adelante como un órgano desconcentrado, dependiente del Ministerio de Obras y Servicios Públicos.

La Dirección de Tránsito de la Policía de Mendoza tiene a su cargo:

- Controlar el tránsito de personas y de vehículos.
- Otorgar licencias habilitantes para conducir vehículos.
- Adoptar disposiciones transitorias respecto del tránsito de personas y de vehículos, cuando circunstancias de orden o de seguridad pública lo requieran.
- Prevenir las infracciones a las normas de tránsito.
- Organizar los registros de conductores, de infractores e inhabilitaciones y otros que sean necesarios para sus funciones y se determinen por reglamentación.

La Dirección de Tránsito de la Policía de Mendoza y la Dirección de Transporte podrán ejercer sus funciones tanto en los lugares públicos como en los privados, de acceso público y en las aceras y veredas, en cuanto a las materias regidas por la ley N° 4.305, sin perjuicio de las competencias específicas que correspondan a las autoridades municipales.

26.- DIRECCIÓN DE TRÁNSITO Y TRANSPORTE

Al efectuarse la reestructuración de los ministerios del Poder Ejecutivo, dispuesta por la ley N° 3.093, del año 1964, el nuevo Ministerio de Obras y Servicios Públicos absorbió las funciones que venía cumpliendo la DIRECCIÓN PROVINCIAL DE TRÁNSITO Y TRANSPORTE.

Este organismo había sido creado por el interventor federal en la Provincia Salvador Guevara Civit, a través del decreto N° 307, de fecha 28 de enero de 1963, como un ente autárquico, pero bajo la dependencia del Ministerio de Gobierno.

La dirección tenía como misión especial todo lo relacionado con el ordenamiento, racionalización, sistematización y fiscalización del tránsito de toda clase de vehículos y peatones, en todos los caminos del territorio de la provincia.

Además se encargó de la organización, sistematización y racionalización del transporte automotor.

Se creó la Policía de Tránsito, cuyo servicio se prestaba en toda la provincia, en los radios urbanos y rurales. La Policía de Tránsito tenía las facultades que acuerda el Código de Policía a la Policía de la Provincia, debiendo prestarse recíprocamente colaboración.

Comenzó a funcionar bajo su dependencia la SECRETARÍA DE TRANSPORTE, como un organismo asesor. Esta situación se impuso ante la necesidad de afectar personal para que, en forma específica, tanto en la faz técnica como administrativa, encarara con criterio racional y adecuado los problemas de tránsito y transporte derivados de situaciones de hecho de solución impostergable.

Por la ley de Presupuesto N° 4.388/1967, se creó la DIRECCIÓN DE TRÁNSITO Y TRANSPORTE, como un organismo centralizado dependiente del Ministerio de Obras y Servicios Públicos.

La creación de esta repartición se realizó sobre la base de la anterior Secretaría de Transporte, que era el ente asesor que tenía a su cargo el asesoramiento técnico y la tramitación administrativa de los problemas de tránsito y transporte.

La creación de la Dirección de Tránsito y Transporte obedeció a las siguientes razones:

a) Necesidad de contar con un organismo que, integrado por técnicos especializados en ingeniería vial y de tránsito, encarara con criterio integral y racional todo lo relativo al ordenamiento y sistematización del tránsito y el planeamiento, coordinación, fiscalización, contralor y prestación de los servicios de comunicación y transporte.

b) Dotar a esta repartición de funciones ejecutivas, especialmente en lo que hace a la fiscalización y contralor del cumplimiento de las disposiciones que rigen los distintos tipos de servicios públicos de tranporte.

En febrero de 1967, se sancionó la ley N° 3.489, que en su artículo 20 inciso b, atribuye a la competencia del Ministerio de Obras y Servicios Públicos todo lo refente al planeamiento, coordinación, fiscalización, contralor y prestación de los servicios de comunicación y transporte.

El decreto reglamentario N° 3.862 estableció que la Dirección de Tránsito y Transporte, repartición centralizada del ministerio, tenía a su cargo todo lo referido al planeamiento, coordinación y contralor de las comunicaciones y del tránsito y transporte.

El gobernador de la Provincia José E. Blanco, en forma conjunta con el Ministro de Obras y Servicios Públicos, Luis M. Magistocchi, reglamentaron detalladamente las atribuciones de esta dirección, a través de los decretos N° 2.563/1967 y 5.075/1967, al establecer que la dirección otorgaría los permisos para cambios de unidades, en el servicio de taxis y las autorizaciones para transferencia, afectación y desafectación de microómnibus al servicio público de transporte automotor.

Esta repartición contó con la autoridad suficiente, para aplicar las penalidades que establece la legislación a las empresas concesionarias del transporte automotor de pasajeros y a los propietarios de taxis, cuando comprobara la violación de las normas legales que rigen en la materia.

El tránsito de personas y de toda clase de vehículos y el transporte de personas y de cargas, dentro del sistema público de circulación caminera en la provincia, quedó sujeto a las prescripciones de la ley N° 2.145/1952.

Pero posteriormente y respondiendo al programa de ordenamiento institucional, dispuesto por el gobernador JoséE. Blanco, esta ley fue derogada por la nueva ley N° 3.574/1968.

Según la misma, la Dirección de Tránsito y Transporte tiene las siguientes funciones:

- El ordenamiento, sistematización y contralor del tránsito de vehículos y personas en general.
- La racionalización, estructuración y contralor del servicio público y privado del transporte de pasajeros y cargas.

La dirección estructuró el servicio de transporte en la Provincia, de acuerdo con la siguiente clasificación:

1) Transporte de personas:
a- Transporte público de pasajeros: podrá ser prestado por el Estado, en forma directa o mixta ,y por personas físicas o jurídicas que se sometan al régimen de las concesiones del servicio público.
b- Transporte contratado o especial: para efectuarlo se deberá obtener previamente el correspondiente permiso del Poder Ejecutivo.
c- Servicio público de taxímetros: el interesado deberá obtener la autorización correspondiente de la Dirección de Tránsito y Transporte.

2) Transporte de cargas, encomiendas y hacienda: quedó sujeto a las prescripciones contenidas en el Código de Comercio y sus leyes complementarias.

Al aprobarse el decreto-ley N° 4.305, el 5 de diciembre de 1978, de reglamentación del funcionamiento de la dirección, en forma conjunta con el decreto N°200/1979, el problema del tránsito y transporte pasó a ser tratado simultáneamente por dos ministerios: el de Gobierno y el de Obras y Servicios Públicos, al atribuirle funciones a la Dirección de Tránsito, que pasó a ser parte de la Policía de Mendoza, dependiente del Ministerio de Gobierno.

El cumplimiento y aplicación de la nueva Ley de Tránsito y Transporte quedó a cargo de la DIRECCIÓN DE TRÁNSITO DE LA POLICÍA DE MENDOZA, dependiente de la Jefatura de Policía y de la DIRECCIÓN DE TRANSPORTE, que funcionó como un órgano desconcentrado, dependiente del Ministerio de Obras y Servicios Públicos.

La Dirección de Transporte tiene las siguientes funciones:

- Ordenamiento, sistematización, reglamentación y organización del tránsito de personas y de vehículos.
- Ordenamiento, sistematización, reglamentación y organización del transporte de pasajeros y cargas.
- Contralor del transporte de pasajeros y carga.
- Organización y contralor de los servicios públicos de transporte, de las concesiones y permisos.
- Demarcación y señalización referidas al tránsito.
- Reglamentación de la publicidad en la vía pública y en vehículos de transporte colectivo, salvo en ámbito de competencia municipal.

Este organismo, a fin de poder desarrollar la labor encomendada, contó con una estructura integrada por tres órganos técnicos y uno administrativo:

a) Departamento de Transporte: realiza la planificación y control de los servicios de transporte de la provincia.

b) Departamento de Estadística: se encarga de la recopilación y elaboración estadística con el fin de confeccionar series anuales y obtener datos para estudios especiales sobre costos, tarifas, frecuencias, parque móvil, etcétera.

c) Departamento de Tránsito: realiza la planificación, ordenamiento y sistematización del tránsito; la planificación y ejecución de las obras de señalización, demarcación y semaforización ; difusión de las medidas de tránsito.

d) Secretaría Administrativa: lleva a cabo la centralización y control de la actividad administrativa de la dirección.

Los fines propuestos por la Dirección de Tránsito y Transporte son:

- Planificación, ordenamiento y sistematización del tránsito.
- Ordenamiento y sistematización del servicio de transporte automotor, en todo el territorio de la provincia.
- Planificación y racionalización de los distintos servicios públicos de transporte, teniendo en cuenta los distintos aspectos: técnico, económico, organizativo y jurídico. Coordinación de los mismos en función de las reales necesidades de los usuarios.
- Fiscalización y contralor de la prestación de los servicios públicos de transporte, con arreglo a las disposiciones legales vigentes.
- Revisión de la legislación que rige el tránsito y transporte, con el objeto

de estudiarla y adecuarla a las necesidades reales.

Se creó, bajo la órbita del Ministerio de Obras y Servicios Públicos, por la ley N° 4305, el COMITÉ ASESOR DEL TRÁNSITO.

El 17 de octubre de 1990, entró en vigencia una nueva ley de Tránsito y Transporte, N° 5.577, mediante la cual se crearon dos nuevos organismos: el COMITÉ DE TRÁNSITO Y TRANSPORTE y el CONSEJO ASESOR. Ambos funcionan bajo la órbita del Poder Ejecutivo por intermedio del Ministerio de Obras y Servicios Públicos.

En la misma ley también se reformaron muchos artículos de la anterior, que estaba en vigencia.

En la actualidad se está tratando por parte de la H. Legislatura de Mendoza, un nuevo proyecto de ley de Tránsito y Transporte para la provincia, el cual todavía no ha sido aprobado finalmente.

27.- DIRECCIÓN PROVINCIAL DE ENERGÍA

Por ley N° 2.225 del año 1953, se establece la creación de la ADMINISTRACIÓN PROVINCIAL DE LA ENERGÍA Y OBRAS SANITARIAS.

En el año 1957, por decreto N° 3.285, cambió su denominación por la DIRECCIÓN PROVINCIAL DE ENERGÍA, dependiente del Ministerio de Economía Obras Públicas y Riego, con personería jurídica propia para actuar de acuerdo con lo que establecen las leyes generales de la provincia, la ley N°2.225 y su reglamentación.

Cuando se aprobó la ley Orgánica de Ministerios N° 3.489, del año 1967, y el decreto reglamentario N°3.862, del mismo año, la Dirección Provincial de Energía pasó a depender del Ministerio de Obras y Servicios Públicos a través de la Subsecretaría de Servicios Públicos.

Posteriormente, el General José E. Blanco y el ministro de Obras y Servicios Públicos Luis María Magistocchi, sancionaron el decreto-ley N° 3.632, el 17 de octubre de 1969, por el cual se crea la Dirección Provincial de Energía, como ente autárquico, con personería jurídica propia para actuar de acuerdo con lo que establecen las leyes.

La Dirección Provincial de Energía ejerció las siguientes facultades:

- Estudio, exploración, explotación e industrialización de las fuentes de energía. Cuando se trata de obras hidroeléctricas, el estudio, proyecto y construcción deberán ser coordinados con la Dirección de Obras Hidráulicas.
- Producción, transmisión, distribución y comercialización de la energía, cualquiera sea su forma generada en sus propias usinas, y la que suministra la Nación, por intermedio de sus organismos especializados o entes

privados, mixtos o públicos, cuya finalidad sea la del servicio público.
- Control y regulación para el uso racional de la energía en el territorio provincial.
- Todo lo referente a la realización de estudios, proyectos, ejecución de obras de energía eléctrica provinciales y la instalación de equipos eléctricos.
- Debe elaborar y desarrollar un plan integral de electrificación rural.
- Tiene además el ejercicio del poder de policía en lo que se refiere a obras y servicios de electricidad.

El gobernador Francisco Gabrielli emitió el decreto N° 3.587, en julio de 1971, por el cual se vinculó la Dirección Provincial de Energía a la Subsecretaría de Obras Públicas, como un organismo descentralizado del ministerio.

El 12 de mayo de 1981 se sancionó el decreto-ley N° 4.551, por el cual se creó ENERGÍA MENDOZA SOCIEDAD DEL ESTADO, sujeta al régimen de la ley nacional N° 20.705 y disposiciones de la ley nacional N° 19.550, con sus modificatorias y complementarias.

Energía Mendoza S.E. es una sociedad de carácter unipersonal y su único socio es la Provincia de Mendoza.

La empresa tiene competencia para:

- Atender en todo lo relacionado con el estudio, exploración, explotación e industrialización de las fuentes de energía.
- La producción, transmisión, distribución y comercialización de la energía, cualquiera sea su forma y su fuente de generación y cuya finalidad sea el servicio público, comprendiendo el control y regulación del uso racional de la energía en el territorio provincial.
- En general, realizar cualquier tarea por cuenta propia o de la provincia que se relacione directa o indirectamente con la energía eléctrica.

Energía Mendoza tuvo a su cargo también la generación, transmisión y distribución de energía eléctrica, cuya explotación se encontraba a cargo de Agua y Energía Eléctrica Sociedad del Estado nacional.

La sociedad quedó sujeta a la política que en materia de desarrollo energético provincial estableció el gobierno de la Provincia, manteniendo su vinculación con éste por intermedio del Ministerio de Obras y Servicios Públicos.

Por la misma ley se estableció la concesión a la Empresa Energía Mendoza S.E. del aprovechamiento del caudal total de los ríos de la Provincia, sus afluentes y el caudal de la alta cuenca del Río Colorado. Quedó comprendido en esta disposición el embalse El Carrizal.

En especial, la sociedad convino con Agua y Energía Eléctrica de la Nación, el uso del agua de dominio de la Provincia para generación de hidroelectricidad.

Enegía Mendoza ejerció las funciones de policía, en materia energética en todo el ámbito de la provincia, en coordinación con el Ministerio de Obras y Servicios Públicos; a tales efectos podía:

- Dictar normas o reglamentos generales de carácter obligatorio, dentro de la esfera de su competencia.

- Requerir orden judicial de allanamiento al juez civil, cuando se encuentre afectado el servicio general de la población.

- Hacer cumplir directamente sus resoluciones, pudiendo requerir el auxilio de la fuerza pública, por razones de necesidad y urgencia, siempre que esté afectada la prestación del servicio.

- Suspender el servicio por las siguientes causas: uso indebido o mal funcionamiento de las instalaciones; conexiones clandestinas; falta de pago, en los plazos que determine la reglamentación de los servicios correspondientes.

La dirección y administración de la sociedad, quedó a cargo de un directorio, integrado por un Presidente, un vice-presidente y tres directores titulares, designados por el Poder Ejecutivo, con una duración de tres años, pudiendo ser reelectos sin límite de tiempo.

28.- DIRECCIÓN PROVINCIAL DE VIALIDAD

En el año 1941, se promulgó la ley N° 1.399, derogando parcialmente la ley N° 1.019, e íntegramente la ley N° 1.043, que dictaban disposiciones para regir la Dirección Provincial de Vialidad.

La citada ley N° 1399, estuvo en vigencia hasta el año 1954, en que se derogó, por la nueva ley N° 2.415, que amplió la organización y funcionamiento de este organismo, bajo la dependencia del Ministerio de Obras y Servicios Públicos.

Durante el gobierno de Ernesto Ueltschi, el Senado y la Cámara de Diputados, aprobaron la ley N° 2.510, el 26 de diciembre de 1958 y su posterior decreto reglamentario N° 2.870, el 5 de julio de 1960. Ambos instrumentos legales fijan las funciones, atribuciones y deberes de la Dirección Provincial de Vialidad y dotaron al organismo vial de una estructura técnico-administrativa, para poder arbitrar sin dificultad las soluciones requeridas de las funciones a su cargo.

La Dirección Provincial de Vialidad, según la misma legislacion, es un ente autárquico, con personería jurídica y capacidad para actuar privada o públicamente, de acuerdo con las leyes generales de la Nación y la Provincia. Sus relaciones con el Poder Ejecutivo, se realizan por intermedio del Ministerio de Economía, Obras Públicas y Riego.

Posteriormente, con la sanción de la ley Orgánica de Ministerios N°3.093, del año 1964, se establece la relación de la Dirección Provincial de Vialidad, por intermedio del Ministerio de Obras y Servicios Públicos.

El decreto N° 3.867, del 18 de julio de 1967, especifica en su artículo 5, que las relaciones de este organismo con el Poder Ejecutivo se realicen por intermedio del Ministerio de Obras y Servicios Públicos, a través de la Subsecretaría de Obras Públicas.

Posteriormente la Legislatura de Mendoza, en 1969, aprobó la ley N° 3.629, que reforma algunos artículos y disposiciones de la ley N° 2.510 Orgánica de la Dirección Provincial de Vialidad.

Las funciones, atribuciones y deberes que le corresponde cumplir a dicho organismo, otorgadas por la ley son:

- Entender en forma específica en la administración y dirección de Vialidad Provincial, celebrar convenios y realizar la aplicación de los planes que hacen a su funcionamiento.
- Administrar los fondos creados o que en adelante se crearen, por ley de la Provincia, para el estudio, trazado, construcción, mejoramiento y conservación de caminos y obras anexas, debiendo elevar anualmente al Poder Ejecutivo una memoria detallada del ejercicio vencido.
- Preparar y someter a la aprobación del Poder Ejecutivo, todos los planes generales y periódicos para inversión de los fondos de coparticipación federal y de cualquier otro fondo nacional o provincial, que al mismo objeto se acuerde o corresponda a la Provincia.
- Resolver y ejercer el poder de policía en todo lo referente a caminos provinciales, interdepartamentales y otros que por su importancia determine el Poder Ejecutivo. Las municipalidades en estos casos, deben conformar a lo dispuesto por la ley.

Para el cumplimiento de sus funciones la Dirección Provincial de Vialidad, será regida por un Consejo de la Administración, integrado por el administrador general, un gerente técnico, un gerente administrativo y un gerente contable.

Las resoluciones del Consejo Administrativo son tomadas por mayoría de votos. Los miembros del consejo son nombrados por el Poder Ejecutivo y duran tres años en sus funciones, pudiendo ser reelectos.

El Consejo de la Administración tiene las siguientes atribuciones y deberes:

- Administrar el fondo de vialidad y disponer de los bienes e instalaciones pertenecientes a la repartición.
- Llevar el inventario general de los valores y bienes pertenecientes a la repartición y tener los fondos depositados en bancos oficiales.
- Disponer la iniciación de acciones judiciales, transigir o celebrar arreglos judiciales o extrajudiciales.

- Dictar resoluciones en los sumarios instruidos por el administrador general.
- Organizar y distribuir las dependencias de la repartición y confeccionar los reglamentos internos y los que deban someterse a la aprobación del Poder Ejecutivo.
- Resolver el alquiler de equipos y máquinas a contratistas de obras viales, que realicen trabajos por cuenta de la repartición.
- Confeccionar y elevar al Poder Ejecutivo para su aprobación, el presupuesto anual de gastos y cálculo de recursos de la Dirección Provincial de Vialidad.
- Elevar al Poder Ejecutivo para su aprobación, los planes de las obras que se prevean realizar, e informar detalladamente sobre datos comparativos de las obras realizadas, servicios prestados y otras actividades.
- Cumplir con las obligaciones y ejercer los derechos que emergen de la ley Nacional de Vialidad.
- Autorizar y aprobar las compras directas, licitaciones privadas y públicas, y celebrar contratos concordantes con el objeto de la institución.

La administración de la repartición está a cargo del administrador general, con una duración de cinco años en el ejercicio de sus funciones.

El Gobernador Francisco Gabrielli, por medio del decreto N° 3.587, de julio de 1971, estableció la vinculación de la Dirección Provincial de Vialidad a la Subsecretaría de Obras Públicas, dependiente del Ministerio de Obras y Servicios Públicos.

29.- EMPRESA PROVINCIAL DE TRANSPORTE

El interventor federal en la Provincia, Isidoro Busquets, llevó a cabo la creación de la Empresa Provincial de Transporte de Mendoza, por el decreto-ley N° 825, del 19 de febrero de 1958.

La misma contó desde su creación con personería jurídica propia y con capacidad para actuar pública o privadamente, a efectos de que contara con la suficiente independencia, que le permitiera resolver por sí misma cualquier problema, que pudiera afectar a la normal prestación del servicio público.

De este modo, la empresa, sin perder el carácter estatal de su organización, se le posibilitó tener un desenvolvimiento ágil en su régimen administrativo.

La relación de la Empresa Provincial de Transporte con el Poder Ejecutivo, en el momento de su creación, se realizó por intermedio del Ministerio de Economía, Obras Públicas y Riego.

Por medio del decreto-acuerdo N° 3.074, del 6 de agosto de 1970, el gobernador Francisco Gabrielli, transfirió la Empresa Provincial de Transporte, bajo la dependencia del Ministerio de Obras y Servicios Públicos, a través de la Subsecretaría de Servicios Públicos.

La creación de esta empresa se realizó para obtener los siguientes logros:

- El transporte de pasajeros en trolebuses, los servicios complementarios o ajenas de cargas, o cualquier otro medio o sistema de locomoción, sin perjuicio de las concesiones, que se otorguen a particulares, de conformidad con la Constitución provincial.

- Toda actividad relacionada con estos servicios públicos, en que por su naturaleza, el Estado debe intervenir, salvo el otorgamiento de permisos o concesiones para la prestación de servicios.

La dirección y administración de la empresa quedó a cargo de un directorio, compuesto por un presidente y tres directores.

Cada uno de los directores debe poseer título de ingeniero, abogado o doctor en ciencias económicas o contador público. Duran en sus funciones tres años, pudiendo ser reelectos y son designados por el Poder Ejecutivo.

Los recursos de la Empresa Provincial de Transporte están constituidos por:

- Los importes que se perciban en concepto de tarifas por la prestación de servicios.
- Los montos que se recauden por publicidad.
- Las sumas que resulten del uso del crédito.
- Las donaciones, subvenciones y subsidios que aceptara del Estado o de los particulares.
- El producto de la venta de materiales, bienes muebles y otros.
- Los provenientes de asignaciones de la ley de Presupuesto y de leyes especiales.
- Todo otro recurso que se obtenga en cumplimiento de sus fines.

30.- ESTACIÓN TERMINAL DE ÓMNIBUS MENDOZA

Se trata de un organismo centralizado dependiente del Ministerio de Obras y Servicios Públicos, por medio de la Subsecretaría de Servicios Públicos, creada por la ley N° 3.832, del 23 de junio de 1972.

Por dicha ley se estableció que todo el ámbito ocupado por la Estación Terminal de Ómnibus Mendoza, pertenece al dominio público de la Provincia, estando a cargo del Poder Ejecutivo, el control y administración de la misma.

La Provincia ejercerá el poder fiscal y de policía, en aquellos aspectos que no sean de competencia municipal.

La Estación Terminal de Ómnibus Mendoza quedó a cargo de una dirección, con las siguientes funciones:

- Dirección y administración de la Estación Terminal.
- Organización, ordenamiento y contralor de los servicios que preste la Estación Terminal o que se presten dentro de ella; de los servicios de transporte público y las explotaciones comerciales realizadas en los espacios cedidos por la Estación Terminal.

Se consideró el uso obligatorio de la Estación Terminal, para los servicios públicos de transporte, clasificados como:

- Servicios regulares de transporte público de pasajeros.
- Servicios especiales de turismo.
- Cualquier otro servicio previsto en la ley N° 3.574 o su reglamentación.

El gobernador de la Provincia de Mendoza, Lic. Rodolfo Gabrielli a través del decreto N° 4.137, del 16 de diciembre de 1991, adjudicó a la COOPERATIVA DE TRABAJO TERMINAL DEL SOL DE MENDOZA LIMITADA, Unión Transitoria de Empresas, por el término de diez años, la concesión onerosa de la administración, mantenimiento, ejecución de las obras y explotación comercial y de servicios anexos de la Estación Terminal de Ómnibus Mendoza.

El 31 de marzo de 1992, se firmó el convenio, entre la Estación Terminal de Ómnibus Mendoza y el nuevo concesionario de este organismo, la Cooperativa de Trabajo Terminal del Sol Limitada.

31.- INSTITUTO DE POLÍTICA ENERGETICA

La ley N° 5.985, promulgada por el Poder Ejecutivo el 12 de marzo de 1993, dispuso la creación del INSTITUTO DE POLÍTICA ENERGÉTICA DE MENDOZA, como un ente autárquico, con personería jurídica y capacidad para actuar pública o privadamente de acuerdo con la legislación.

La relación del instituto con el Poder Ejecutivo, se realiza por intermedio del Ministerio de Obras y Servicios Públicos.

Los objetivos propuestos por este organismo son:

- Inventariar y evaluar los recursos energéticos existentes en la Provincia.
- Planificar integralmente las posibilidades de su aprovechamiento.

- Diseñar y proponer al Poder Ejecutivo los lineamientos básicos de la política energética, tendiendo al uso racional de los recursos y a su integración con la actividad socioeconómica provincial.
- Proponer normas y reglamentaciones destinadas al ordenamiento legal del sector energético.
- Realizar cualquier otra actividad que tienda al desarrollo de los recursos energéticos.

La dirección y administración del instituto, quedaron a cargo de un Presidente y un Comité Ejecutivo, integrado por cuatro miembros directores de cada una de las áreas del instituto: Energía Eléctrica, Hidrocarburos, Minerales Nucleares y Otras Fuentes de Energía.

Las funciones del instituto son las siguientes:

- Realizar estudios e investigaciones sobre los recursos energéticos de la Provincia, evaluando el potencial de los mismos, compatible con un aprovechamiento integral.
- Definir planes y programas, en coordinación con las reparticiones provinciales y municipales, de las áreas hídrica y energética.
- Proyectar las reglamentaciones de la actividad energética y proponer al gobierno el dictado de nuevas disposiciones legales y/o modificaciones a las ya exitentes.
- Considerar leyes nacionales, provinciales, leyes-convenio y reglamentaciones relativas al sector energético.
- Asesorar al Gobierno sobre las gestiones y concreción de convenios y contratos relativos al desarrollo de recursos energéticos.
- Asesorar al Poder Ejecutivo en materia tarifaria energética y brindar asistencia técnica y asesoramiento a las cámaras legislativas.
- Recopilar, sistematizar y publicar información actualizada de carácter general, de orden provincial, nacional e internacional; y con ese objeto, mantener vinculaciones con organismos científicos y técnicos.
- Organizar y participar en la realización de eventos científicos.
- Asesorar al gobierno en todo lo relativo a la explotación de los minerales nucleares y sobre los acuerdos con organismos nacionales e internacionales.
- Realizar estudios e investigaciones para determinar la potencialidad y las posibilidades de aprovechamiento de fuentes de energía, no tradicionales en la Provincia.
- Administrar sus rercursos y elaborar su propio presupuesto.

Quedó según la legislación vigente, expresamente prohibido al

Instituto de Política Energética la contratación y/o realización de obras públicas o privadas.

32.- INSTITUTO TÉCNICO DE INVESTIGACIÓN Y ENSAYO DE MATERIALES

La creación del I.T.I.E.M., en el año 1967, surgió como consecuencia de las conclusiones elaboradas por la comisión encargada de los estudios y planificación de las modificaciones estructurales proyectadas en las distintas dependencias del Ministerio de Obras y Servicios Públicos, a partir del año 1966.

El ITIEM fue, más que la creación de una nueva repartición, la reestructuración y adecuación a las necesidades de la provincia, tanto en el sector público como privado, del ex LABORATORIO DE ENSAYO DE MATERIALES, que funcionaba anteriormente bajo la dependencia de dicho ministerio.

Pero el instituto fue dotado además de una mayor jerarquía y se ampliaron sus funciones, en el campo de la investigación técnica.

El Laboratorio de Ensayo de Materiales, que tenía una existencia desde hacía veinte años, formaba parte del Instituto de Investigaciones Económicas y Tecnológicas, hasta el año 1960, en que por la ley de Presupuesto pasó a depender en forma directa, de la Subsecretaría de Obras y Servicios Públicos del Ministerio de Economía, Obras Públicas y Riego.

Posteriormente, producida la división de los ministerios por la ley N° 3489/1967, el Laboratorio de Ensayo de Materiales quedó integrado al ITIEM, dentro de la órbita del Ministerio de Obras y Servicios Públicos.

Su estructura fue dada por el decreto N° 3.862/1967 reglamentario de la ley de Ministerios y por el decreto N° 5.218/1967, en el que se establecen en forma específica sus funciones.

Corresponde realizar al instituto en forma general:

- Prestación de servicios técnicos.
- Estudios y trabajos de geofísica y sismología; ensayo de materiales y estudios hidráulicos.
- Investigación tecnológica y difusión de los resultados obtenidos.
- Centro de documentación y normalización técnica.

El I.T.I.E.M. tuvo en un comienzo la siguiente estructura interna:

a) Una dirección, a cargo de un director, que debe ser profesional ingeniero.
b) Un Departamento Técnico, del cual dependen las secciones de:

- Ensayos (en la que quedó integrado el ex-Laboratorio de Ensayo de Materiales).
- Investigación en general y específica sobre Sismología e Hidráulica.
- Estudio y Difusión Técnica.
- Documentación y Normalización Técnica.
- Servicios y Talleres.

Los fines, asignados a esta repartición según el decreto N° 5.218, son:

1) Prestación de servicios técnicos a las reparticiones públicas y a la actividad privada y especialmente asesorar al gobierno en lo referente a:

- Ensayo, control y juzgamiento de la calidad de los materiales, estructuras, máquinas e instrumentos a emplearse en obras y servicios públicos.
- Establecimiento de normas y especificaciones técnicas, para su utilización en los pliegos de condiciones.
- Conservación de materiales y estructuras. Prevención y defensa contra las acciones deteriorantes.

2) Por medio del nuevo Laboratorio de Ensayo de Materiales, el I.T.I.E.M. debía:

- Controlar la calidad de los materiales, estructuras, máquinas, aparatos y otros elementos empleados o consumidos en las obras y servicios públicos, tanto en las reparticiones del Estado como por los particulares.
- Realizar estudios experimentales sistemáticos de las propiedades de los materiales, estructuras y otros, necesarios para el perfeccionamiento tecnológico de las obras públicas o de la actividad privada.

Además del cumplimiento de estos fines y funciones, el instituto debió organizar la instalación de Laboratorios de Sismología, Hidráulica, Máquinas y Motores, Suelos y Fundaciones, Estructuras y Metrología, y todos los que en el futuro resultaran necesarios y convenientes.

Asimismo debió llevar a cabo la organización de un Centro de Documentación, Normalización y Difusión Técnica que se encargó de la sistematización de la documentación técnica existente, su normalización, racionalización y difusión, para contribuir al mejoramiento del nivel técnico y científico del medio.

El I.T.I.E.M. desarrolló su actividad, en estrecha relación y coordinación con organismos oficiales y entidades públicas o privadas, cuyas funciones tendieran a la concreción de los mismos fines, y con los cuales podía establecer convenios y acuerdos para la realización de tareas de su competencia.

El instituto también otorgaba certificados de calidad de los materiales y productos elaborados, que le hubieran sido sometidos para su ensayo y estudio.

A partir del 1 de febrero de 1992, comenzó a regir la reestructuración del Ministerio de Obras y Servicios Públicos, produciendo el cambio de denominación en algunas reparticiones, tal es el caso del I.T.I.E.M., que pasó a llamarse DIRECCIÓN DE CONTROL DE CALIDAD DE OBRAS Y SERVICIOS PÚBLICOS.

33.- REGISTRO PERMANENTE DE LICITADORES

La ley Orgánica de Obras Públicas N° 1.926, del año 1950, creó el REGISTRO PERMANENTE DE LICITADORES, en el cual debían estar inscriptos, todos aquellos que pretendían tener acceso a las licitaciones públicas.

En dicho registro figuraban los antecedentes de orden técnico, económico y moral a los efectos de la calificación de cada empresa o persona.

Posteriormente, el decreto 3.798/1960, reglamentó el funcionamiento del Registro Permanente de Licitadores.

Pero este decreto fue derogado por el decreto N° 2.393, del 30 de junio de 1970, que volvió a reglamentar y revisar todo lo relacionado con el Registro Permanente de Licitadores.

Según el mismo, para contratar con el Estado obras regidas por la ley N° 1.926, ya sea en licitaciones públicas o privadas, concurso de precios o contratación directa, las personas o sociedades, deberán estar inscriptas en el Registro Permanente de Licitadores.

Este Registro, dependía del Ministerio de Obras y Servicios Públicos y estaba regido por un consejo.

El gobernador Brig. Jorge S. Fernández sancionó una nueva ley Orgánica de Obras Públicas N° 4.416, el 8 de febrero de 1980, según la cual se creó el **REGISTRO ÚNICO DE CONSTRUCTORES DE OBRAS PÚBLICAS**, que reemplaza al anterior Registro Permanente de Licitadores.

El Registro Único de Constructores de Obras Públicas tiene la función de realizar la inscripción, habilitación, calificación y determinación de la capacidad técnica, financiera y económica de las personas físicas o jurídicas, que pretendan ejecutar obras públicas en la provincia.

La administración no podrá efectuar contratación alguna con empresas, no inscriptas en el Registro o que no resulten calificadas o con capacidad suficiente para el contrato que se trate.

El Registro de Constructores de Obras Públicas, tendrá el carácter de ÚNICO para toda la administración.

El decreto reglamentario N° 284, del 14 de febrero de 1980, establece que el R.U.C.O.P., depende del Ministerio de Obras y Servicios Públicos y está a cargo de un consejo, integrado por ocho miembros, designados por el Poder Ejecutivo.

Las atribuciones y deberes del consejo del R.U.C.O.P. son:

- Disponer la inscripción en el registro de las empresas que lo soliciten, con la calificación y capacitación que le asigne el mismo.

- Entender en la actualización de los antecedentes de las empresas inscriptas, conforme a los informes técnicos que produzca el Registro.

- Calificar el comportamiento de los inscriptos en las obras contratadas, sean públicas o privadas.

- Informar a las reparticiones públicas que lo soliciten, sobre las constancias del registro y comunicarles las modificaciones que se produzcan en la documentación de las empresas.

- Proponer y aplicar las medidas que a su juicio y con arreglo a lo establecido en los artículos 10 y 29 deban ser aplicadas a los inscriptos, representantes técnicos y legales y a los funcionarios y agentes de la administración.

- Resolver reclamaciones que sobre resoluciones del consejo del registro efectúen los inscriptos.

- Publicar las resoluciones sobre inscripciones, modificaciones o sanciones.

- Disponer la inscripción y registro de las empresas consultoras relacionadas con la obra pública, indicando la nómina de sus integrantes.

34.- SECCIÓN COSTOS

Por la ley N° 2.627 de Presupuesto General de Gastos y Cálculo de Recursos, para el año 1960, se creó el Departamento de Ensayo de Materiales y Costos, bajo la dependencia del Ministerio de Economía, Obras Públicas y Riego.

La iniciativa de creación de este organismo, respondió a la necesidad de contar con un ente técnico-científico para estudios, asesoramiento, consultas y vigilancia, y que además atendiera la gran cantidad de materiales, artículos y maquinarias que insumen las obras públicas y privadas, en el ámbito provincial.

Durante el mes de febrero de 1960, el gobernador de la Provincia, por el decreto N° 425, estableció que el Departamento de Ensayo de Materiales y Costos en adelante pasaría a ser designado oficialmente con la sigla

D.E.M.Y.C., por razones de orden práctico, funcionando bajo la dependencia de la Subsecretaría de Obras Públicas y Riego.

El DEMYC estaba constituido por dos secciones:

a) Laboratorio de Ensayo de Materiales.
b) Sección Costos.

Este organismo tenía a su cargo el cumplimiento de las siguientes funciones:

- Asesoramiento para la industria de la contrucción.
- Asesoramiento vial.
- Recopilación de estudios y trabajos referentes a la construcción antisísmica en la provincia, que sería la base para la creación del Instituto de Investigaciones Antisísmicas.
- Policía de obra.
- Asesoramiento a las oficinas de compra y/u otras reparticiones provinciales.
- Confección de planillas mensuales de jornales, cargas sociales e impuestos, que afecten a la construcción.
- Patrones de medidas y contrastes de aparatos.
- Divulgación de los trabajos realizados.

Por la ley Orgánica de Ministerios N° 34.89/1967, se transformó el DEMYC, en Sección Costos, y pasó a depender del nuevo Ministerio de Obras y Servicios Públicos.

La función específica de la Sección Costos es determinar los valores de precios de los materiales, cargas sociales, transporte y seguros para los reconocimientos de mayores costos, en las obras públicas. Para ello debe confeccionar planillas de costos de materiales, cargas sociales e impuestos.

En primer lugar, se confeccionan las planillas mensuales provisorias (con los precios promedio) de los materiales fundamentales para la construcción, y se publican.

Se procede, posteriormente, a la confección de planillas definitivas, con los precios de materiales de plaza, para cada una de las zonas comerciales o departamentos de la Provincia.

Los trabajos así realizados se divulgan para su conocimiento y utilización en la actividad pública o privada.

35.- SECRETARÍA DE COORDINACIÓN

El ministro de Obras y Servicios Públicos, publicó la resolución N° 164,

de fecha 11 de setiembre de 1970, por la cual se organizó la SECRETARÍA DE COORDINACIÓN DEL MINISTERIO DE OBRAS Y SERVICIOS PUBLICOS, que tiene a su cargo la dirección y supervisión de las funciones y servicios que se detallan a continuación:
Funciones:
- Recepción.
- Relaciones Públicas.
- Prensa y Difusión.
- Oficina de Entidades de Bien Público.
Servicios:
- Mayordomía.
- Movilidad.
- Comunicaciones.

La secretaría cumple además con todas las funciones que le encomiende en forma directa el ministro, y mantiene estrecha relación funcional con los Subsecretarios.

Al año siguiente, se emitió una nueva resolución N° 144, que modificó algunos artículos de la N° 164, en lo referente a la Secretaría de Coordinación, que cambió su denominación y funciones como SECRETARÍA PRIVADA DEL MINISTERIO DE OBRAS Y SERVICIOS PÚBLICOS.

Las nuevas funciones asignadas a la Secretaría Privada son:

- Recepción.
- Relaciones Públicas.
- Prensa, Difusión y Comunicaciones.

36.- SECRETARÍA DE DESPACHO GENERAL

La resolución N° 164, del 11 de setiembre de 1970, atribuyó a la SECRETARÍA DE DESPACHO GENERAL, todo lo relativo a:

- Recepción, clasificación y tramitación diaria de las actuaciones administrativas.
- Redacción de decretos, resoluciones, notas y comunicaciones.
- Recopilación y archivo de leyes, decretos, resoluciones, notas y publicaciones oficiales.
- Control del cumplimiento de las disposiciones emergentes del decreto-acuerdo N° 3.402/1967.
- Administración y control de personal.

Posteriormente la resolución N° 144, del 2 de setiembre de 1971, reorganizó esta secretaría, como SECRETARÍA GENERAL, a la cual le corresponde todo lo relativo a:

- Recepción, clasificación y tramitación diaria de las actuaciones administrativas.
- Redacción de decretos, resoluciones, notas y comunicaciones.
- Trámite de decretos en proceso de firma.
- Recopilación y archivo de leyes, decretos, resoluciones, notas y publicaciones oficiales.
- Administración y control de personal, mayordomía y movilidad.

37.- SECRETARÍA TÉCNICA

Bajo la órbita del Ministerio de Obras y Servicios, comenzó a funcionar la SECRETARÍA TÉCNICA, con la sanción del decreto N° 2.035, del 20 de diciembre de 1974, bajo la dependencia directa del ministro.

La Secretaría Técnica quedó a cargo de un jefe, que se encarga de su dirección y coordinación general, y es además quien ejerce sobre su personal, el poder disciplinario.

Las atribuciones de la Secretaría Técnica están agrupadas en las siguientes áreas:

a) Área de Planeamiento Físico, que tiene las siguientes atribuciones generales:

- Formular planes de ordenamiento físico, estableciendo las bases programáticas y metodológicas que aseguren una acción sistemática y permanente, de organización del espacio a nivel provincial.
- Proponer la zonificación de áreas, teniendo en cuenta los usos y destinos que se darán al suelo, elaborando las normas referentes a su uso, ocupación, subdivisión e infraestructura y servicios, a fin de concertar con las entidades nacionales, provinciales o municipales y los sectores sociales la apropiada instalación poblacional, agrícola e industrial y el racional aprovechamiento de sus recursos.
- Colaborar con asistencia técnica permanente en materia de organización del espacio con los municipios de la Provincia.
- Recopilar, sistematizar y procesar la información relativa a equipamiento e infraestructura básica, existente en la Provincia.

b) Área de Programación de la Obra Pública, que tiene las siguientes atribuciones generales:

- Elaborar estudios especiales sobre programación, ejecución y financiamiento de la obra pública y específicamente referidos a reconocimiento de variaciones de costos y reembolsos.

- Recopilar y procesar la información básica a ser utilizada en el cálculo de presupuestos oficiales de proyectos programados y estimación de las variaciones correspondientes.

- Elaborar normas sobre la presentación de proyectos que faciliten el análisis y la toma de decisiones sobre los mismos.

- Estudiar los diferentes proyectos, planes y programas y expedirse sobre la compatibilización a nivel ministerial y provincial.

- Recopilar antecedentes de las reparticiones sobre desenvolvimiento de la obra pública, para su análisis y crítica, fundamentalmente en los aspectos de ejecución y financiero.

- Controlar el cumplimiento de las metas y objetivos preestablecidos, destacar los desvíos y asesorar sobre medidas correctivas.

c) Área Jurídica, tiene las siguientes atribuciones:

- Prestar asesoramiento jurídico al ministro y subsecretarios.

- Prestar asesoramiento jurídico a todas las reparticiones del ministerio, en temas de competencia o generales.

- Confeccionar y supervisar anteproyectos de resoluciones, decretos y leyes que hagan a la competencia del Ministerio.

- Estudiar y reformular los anteproyectos de leyes enviados en consulta al ministerio.

- Recopilar la información legal que se relacione con la órbita del ministerio.

Los miembros de la Secretaría Técnica tendrán a su cargo además:

- Supervisión por delegación.
- Supervisión general de las concesiones de servicios, sin perjuicio de las funciones atribuídas a las reparticiones y funcionarios competentes.
- Toda otra función que el ministro o secretario técnico establezca y que se relacione al ámbito de esta secretaría o de sus áreas respectivas.

ÍNDICE ALFABÉTICO DE REPARTICIONES DEL MINISTERIO DE OBRAS Y SERVICIOS PÚBLICOS

1 - Asesoría Técnica del Ministerio de Obras y Servicios Públicos.
2 - Centro de Coordinación y Estadística.
3 - Comisión Asesora del Planeamiento Físico.
4 - Comisión Asesora en Materia de Recursos.
5 - Comisión de Desarrollo Caminero.
6 - Comisión de Estudios Hidroeléctricos.
7 - Comisión de Estudio y Planificación del Ministerio de Obras y Servicios Públicos.
8 - Comisión de Variación de Costos.
9 - Comisión Permanente de Estudio de Variaciones de Precios.
10 - Comité Asesor del Tránsito.
11 - Comité de Defensa Aluvional.
12 - Comité de Redistribución del Espacio Físico de la Administración Pública.
13 - Consejo Asesor de Tránsito.
14 - Consejo de Obras Públicas.
15 - Departamento Contable.
16 - Departamento General de Irrigación.
17 - Departamento Técnico-Jurídico.
18 - Dirección de Arquitectura y Planeamiento.
19 - Dirección de Comunicaciones.
20 - Dirección de Construcciones.
21 - Dirección de Geodesia y Catastro.
22 - Dirección de Obras Hidráulicas.
23 - Dirección de Obras y Servicios Sanitarios.
24 - Dirección de Planeamiento Físico y Ambiental.
25 - Dirección de Tránsito de la Policía.
26 - Dirección de Trásito y Transporte.
27 - Dirección Provincial de Energía.
28 - Dirección Provincial de Vialidad.
29 - Empresa Provincial de Transporte.
30 - Estación Terminal de Ómnibus.
31 - Instituto de Política Energética.
32 - Instituto Técnico de Investigación y Ensayo de Materiales.
33 - Registro Permanente de Licitadores.
34 - Sección Costos.

35 - Secretaría de Coordinación del Ministerio de Obras y Servicios Públicos.
36 - Secretaría de Despacho General.
37 - Secretaría Técnica.

CONCLUSIÓN

A lo largo del análisis del trabajo, hemos podido apreciar que la obra pública en la provincia ha sido una tarea ardua, imperiosa y urgente, en cuanto a su realización.

Pero esto no siempre ha coincidido con la labor de los ministerios que se encargaron de la ejecución de la misma, ya que tuvieron que pasar cincuenta y seis años desde la sanción de la Constitución de Mendoza, en 1854, y la instalación del Ministerio General de Gobierno, hasta 1910, para que se creara un ministerio cuya función fuera específicamente las obras y servicios públicos.

Al tener vida independiente, el Ministerio de Obras y Servicios Públicos contó con una organización ágil, que se fue mejorando cada vez más gracias a haber sufrido varias reestructuraciones internas, que lo dotaron de una organización eficiente.

Los aspectos más notables, a lo largo de su evolución histórica, fueron los relacionados con el aprovechamiento del agua: para riego y para energía hidroeléctrica.

El Ministerio de Obras y Servicios Públicos es muy rico en cuanto a organismos y dependencias centralizadas, como así también en cuanto a sus reparticiones descentralizadas, que sólo tienen una relación funcional con el mismo.

De este modo adquiere solidez técnica y legal, en la ejecución, contratación y control de todas las obras realizadas.

Creemos haber realizado con este trabajo un aporte más al estudio de las instituciones mendocinas, que tan marcadamente influyen en la evolución histórica.

I FUENTES - DOCUMENTOS

DÍAZ GUZMÁN, José; Índice General de Leyes de la Provincia 1896-1946. Mendoza, 1949.

LARREA, Basilio y BENZONI, Bernardo; Recopilación de Leyes de la Provincia de Mendoza. Mendoza, 1925. T. I al XIII.

MENDOZA EN MARCHA, Un año de gobierno 1970-1971, Mendoza, 1971.

MENSAJE del Gobernador Rodolfo Corominas Segura, año 1938.

MENSAJE del Gobernador Francisco Gabrielli, año 1964.

MINISTERIO DE OBRAS Y SERVICIOS PÚBLICOS; Informe de la Dirección de Obras y Servicios Sanitarios.

PROVINCIA DE MENDOZA; Boletín Oficial de la Provincia de Mendoza. Mendoza, 1910-1938.

PROVINCIA DE MENDOZA; Constituciones de la Provincia de Mendoza, años 1854, 1895, 1900, 1910, 1916 y 1949.

PROVINCIA DE MENDOZA; Labor de Gobierno. Período 1938-1941, Gobernador Rodolfo Corominas Segura. Mendoza, 1941.

PROVINCIA DE MENDOZA; Recopilación General de Leyes. Segunda y Tercera Serie, años 1926-1941.

PROVINCIA DE MENDOZA; Registro Oficial del Ministerio de Gobierno. Mendoza, años 1887-1900.

PROVINCIA DE MENDOZA; Registro Oficial del Ministerio de Industria y Obras Públicas. Mendoza, años 1907-1914.

PROVINCIA DE MENDOZA; Reseña de la labor realizada, 1971. Mendoza, 1971.

II BIBLIOGRAFÍA CONSULTADA

BISTUE, Noemí; Estudio Institucional del Gobernador Mendocino (1854-1894). En: Revista de Historia del Derecho. Buenos Aires. 1983, N° 11.

CORREAS, Edmundo; Historia de Mendoza. En: Historia de la Nación Argentina. Buenos Aires, 1947.

CUETO, A., GIAMPORTONE, T. y MICALE, A.; Historia Institucional de Mendoza. Primera Parte, Mendoza, 1992.

DANA MONTAÑO, Salvador; Las Primeras Constituciones de las Provincias de Cuyo. Mendoza, 1938.

DEPARTAMENTO GENERAL DE IRRIGACIÓN; El riego en la Provincia de Mendoza. A cien años de la creación del Departamento General de Irrigación 1884-1984. Mendoza, 1984.

DÍAZ ARAUJO, Enrique; Historia Institucional de Mendoza. Notas para su estudio. En: Revista de la Junta de Estudios Históricos de Mendoza. Mendoza, 1968, N° 4.

FUNES, Lucio; Gobernadores de Mendoza. 2 tomos, Buenos Aires, 1951.

GOBERNADORES Y MINISTROS DE MENDOZA 1856-1975. En: R.J.E.H.M., Mendoza, 1975, N° 8, T. 1.

HUDSON, Damián; Recuerdos históricos sobre la Provincia de Cuyo. Mendoza, 1966. 2 Tomos.

JUNTA DE ESTUDIOS HISTÓRICOS DE MENDOZA. Historia Contemporánea de Mendoza a través de sus gobernadores. Mendoza, 1966.

MARIANETTI, Benito; Mendoza la bien plantada. Buenos Aires, 1972.

MARTÍNEZ, Pedro S.; Historia de Mendoza. Buenos Aires, 1979.

MARTÍNEZ, Pedro S.; Historia Económica de Mendoza durante el Virreinato. (1776 - 1810). Madrid, 1961.

OLASCOAGA, Laurentino; Instituciones Políticas de Mendoza. Bolivia, 1919.

OLGUÍN, Dardo; Dos políticos y dos políticas. Emilio Civit y José N. Lencinas. Mendoza, 1956.

PEÑA Y LILLO, Silvestre; Actividad política mendocina en los años 1889 - 1914. Mendoza, 1992.

PEREZ GUILHOU, Dardo; La instalación del régimen municipal en Mendoza. En: Humanidades. La Plata, 1960, p.p. 73-87.

PROVINCIA DE MENDOZA; Álbum Argentino dedicado al Dr. Emilio Civit. N° extraordinario. Mendoza, 1910.

REBOLLO PAZ, León; Vida institucional de las Provincias de Cuyo, desde Caseros hasta la Batalla de Pavon. En: R.J.E.H.M. 1975, N° 8. T. II.

SABELLA, Pedro I.; Tratado de Geografía General, Física, Humana, Económica y Corográfica de la Provincia de Mendoza. Mendoza, 1936.

SAN MARTINO DE DROMI, María Laura; Intendencias y Provincias en la Historia Argentina. Buenos Aires, 1992.

SCALVINI, Jorge; Historia de Mendoza. Mendoza, 1965.

SEGHESSO DE LOPEZ ARAGON, María C.; El régimen electoral en la Provincia de Mendoza desde la Ley Sáenz Peña hasta 1930. En: Rev. Historia del Derecho. Buenos Aires, 1981, N° 9.

VERDAGUER, Aníbal; Historia Eclesiástica de Cuyo. Milano, 1932, 2 tomos.

VITALI, Galileo; Hidrología Mendocina. Mendoza, 1940.

ZINNY, Antoni; Historia de los gobernadores de las provincias Argentinas. Buenos Aires, 1987. 2 tomos.

III PERIÓDICOS

DE MENDOZA: Los Andes, El Debate, El Eco de los Andes, El Comercio.

Índice general

INTRODUCCIÓN 7
RESEÑA HISTÓRICA 9
MINISTERIO DE INDUSTRIAS
Y OBRAS PÚBLICAS 13
ORGANIZACIÓN DEL MINISTERIO DE INDUSTRIAS Y OBRAS PÚBLICAS
AÑO 1908 19
ORGANIZACIÓN DEL MINISTERIO DE INDUSTRIAS Y OBRAS PÚBLICAS
AÑO 1913 20
Nómina de Gobernadores y Ministros de Industrias y
Obras Públicas. 1910 - 1938 21

CREACIÓN DEL MINISTERIO DE OBRAS
Y SERVICIOS PÚBLICOS 23
Subsecretaría de Servicios Públicos y de Obras Públicas
Año 1967 50
Ministerio de Obras y Servicios Públicos
Año 1988 51
Subsecretaría de Infraestructura para el Desarrollo
Año 1992 52
Subsecretaría de Control de Obras y Servicios Públicos
Año 1992 53
Subsecretarías del Ministerio de Obras y Servicios Públicos 54
Nómina de Gobernadores y Ministros de Obras y
Servicios Públicos. Años 1963 - 1993 55

HISTORIA INSTITUCIONAL ANALÍTICA
OFICINAS, DEPENDENCIAS Y REPARTICIONES DEL
MINISTERIO DE OBRAS Y SERVICIOS PÚBLICOS 57

1.- Asesoría Técnica del Ministerio de Obras y
    Servicios Públicos 57
2.- Centro de Coordinación y Estadística 57
3.- Comisión Asesora en Materia de Recursos 59
4.- Comisión Asesora del Planeamiento Físico 60
5.- Comisión de Desarrollo Caminero 60
6.- Comisión de Estudios Hidroeléctricos 61
7.- Comisión de Estudios y Planificación 61
8.- Comisión de Variaciones de Costos 61

9.- Comisión Permanente de Estudio de Variaciones
de precios 62
10.- Comité Asesor del Tránsito 63
11.- Comité de Defensa Aluvional 64
12.- Comité de Redistribución del Espacio Físico
de la Administración Pública 65
13.- Consejo Asesor de Tránsito y Transporte 65
14.- Consejo de Obras Públicas 66
15.- Departamento Contable 68
16.- Departamento General de Irrigación 70
17 - Departamento Técnico-Jurídico 75
18.- Dirección de Arquitectura y Planeamiento 76
19.- Dirección de Comunicaciones 79
20.- Dirección de Construcciones 81
21.- Dirección de Geodesia y Catastro 83
22.- Dirección de Obras Hidraúlicas 85
23.- Dirección de Obras y Servicios Sanitarios 89
24.- Dirección de Planeamiento Físico y Ambiental 92
25.- Dirección de Tránsito de la Policía 92
26.- Dirección de Tránsito y Transporte 93
27.- Dirección Provincial de Energía 97
28.- Dirección Provincial de Vialidad 99
29.- Empresa Provincial de Transporte 101
30.- Estación Terminal de Omnibus Mendoza 102
31.- Instituto de Política Energética 103
32.- Instituto Técnico de Investigación y Ensayo de Materiales 105
33.- Registro Permanente de Licitadores 107
34.- Sección Costos 108
35.- Secretaría de Coordinación 109
36.- Secretaría de Despacho General 110
37.- Secretaría Técnica 111
ÍNDICE ALFABÉTICO DE REPARTICIONES
DEL MINISTERIO DE OBRAS Y SERVICIOS PÚBLICOS 113
CONCLUSIÓN...115
FUENTES - DOCUMENTOS 116
BIBLIOGRAFÍA CONSULTADA 117
PERIÓDICOS 118
ÍNDICE GENERAL 119